京都空襲
―8888フライト―

米軍資料からみた記録

京都新聞出版センター

目　次

　　まえがき ⋯⋯⋯⋯⋯⋯⋯⋯⋯⋯⋯⋯⋯⋯⋯⋯⋯⋯⋯⋯⋯⋯⋯⋯⋯⋯ 4

1　太平洋戦争と京都のまち ⋯⋯⋯⋯⋯⋯⋯⋯⋯⋯⋯⋯⋯ 8

2　京都におけるＢ２９の空襲 ⋯⋯⋯⋯⋯⋯⋯⋯⋯⋯ 22

3　京都の８か所の攻撃目標 ⋯⋯⋯⋯⋯⋯⋯⋯⋯⋯ 86

4　馬町空襲　―京都最初の空襲― ⋯⋯⋯⋯⋯ 120

5　西陣空襲　―投下したのは１ｔ爆弾― ⋯⋯⋯ 158

6　航空機製造と京都の変容 ⋯⋯⋯⋯⋯⋯⋯⋯⋯⋯ 180

7　太秦空襲　―謎の爆発― ⋯⋯⋯⋯⋯⋯⋯⋯⋯⋯⋯ 184

8　舞鶴空襲と大津空襲　―原爆模擬爆弾投下― ⋯⋯⋯ 200

9　原爆と京都 ⋯⋯⋯⋯⋯⋯⋯⋯⋯⋯⋯⋯⋯⋯⋯⋯⋯⋯⋯ 208

10　米国の対日宣伝と情報収集 ⋯⋯⋯⋯⋯⋯⋯⋯ 220

　　あとがき ⋯⋯⋯⋯⋯⋯⋯⋯⋯⋯⋯⋯⋯⋯⋯⋯⋯⋯⋯⋯⋯⋯⋯⋯ 228

まえがき

　アジア・太平洋地域に大惨禍をもたらした太平洋戦争の終結から
７５年が経った。満州事変や日中戦争を含むと１５年の長きにわた
る戦争であった。京都からも多くの人が外地へ出征され、亡くなら
れた方、負傷された方も多いのであるが、京都のまちにおいても馬
町や西陣に空襲があり、多くの犠牲者が出た。付近に軍事施設や軍
需産業があるわけでもなく、なぜ無防備、無抵抗の市民にこのよう
なことが起こったのか。
　馬町や西陣の空襲については、これまでにもいろいろな見方があ
った。終戦時に日本側資料の多くが廃棄され、アメリカ側の保存資
料が公開された後においても十分な分析がなされなかったために、
被災状況を中心とした見方で、なぜそのようなことが起こったのか
という、その経緯や状況などの核心に迫ることができていなかった
といえる。
　限られた人生の長さからすると戦争を体験された方も少なくなり、
太平洋戦争と京都について考える機会も今がおよそ最後になるだろ

う。京都のまちの歴史について、事実を正しく理解して過去と現在を結び付け、そして未来につなげていかなければならない。まちを華やかさやうわべだけから見ていれば、見誤るかもしれない。日本文化の中心で伝統産業・工芸のまちと思われていた京都が、太平洋戦争と深くかかわっていたことを、戦後７５年のこの機会にあらためて事実、真実を実証的にとらえておきたい。

　家族や友人など身近な方を亡くされた方、戦争の悲惨な経験をされた方には、痛ましいつらい記憶を呼び起こすことになるが、戦争の愚かさ、人の命の尊さ・尊厳について、「米国戦略爆撃調査団文書」などアメリカの資料から考えていきたい。

　資料には、痛ましい内容なども含んでいるので、あらかじめご理解いただきたい。また、馬町空襲、西陣空襲を中心に考えていくが、その他にも関連の事柄を付け加えている。多くの人にその事実をより正確に知っていただき、次の世代へ伝えていただければと思う。

本書において「＊」を付した個所は、筆者の加筆である。
また、「米国戦略爆撃調査団文書」などで使われている英語表記の略字を多く利用
しており、その主なものを列記しておく。

GHQ／SCAP（General Head Quarter/ Supreme Commander For The Allied Powers）　連合国軍最高司令官総司令部

Cincpac（Commander-in-chief, Pacific Command）　（米国）太平洋軍最高司令官

USSBS（United States Strategic Bombing Survey）　米国戦略爆撃調査（調査団とその文書を含む）

B29　「超要塞」（Super fortress）と呼ばれた米国の長距離・重爆撃機

WSM（Weather and Strike Mission）　気象観測・爆撃の任務

PRM（Photo Reconnaissance　Mission）　写真偵察任務

AOF（AIR OBJECTIVE HOLDER）　航空目標フォルダー

I.P（Initial Point of Target）　爆撃航法開始地点

T.O（Target of Opportunity）　自機の判断（による爆撃）

POW（Prisoner of War）　戦時捕虜

CapDoc（Captured Document）　連合国軍が押収した日本側の書類・文書・写真類などの記録文書類

◆年の表記

基本的には西暦の下2桁で表記し、一部では4桁、和暦の記載をしている。

◆時間の表記

日時の後に付しているアルファベットは、どの地域の時間系で表記しているかを表している。

「**z**」　グリニッジ標準時（日本時間より9時間遅い）

「**k**」　マリアナ時間（日本時間より1時間早い）

「**i**」　日本時間（＊基本的は日本時間であり、表示しないが、紛らわしい場合に表示している）時差により、日付に日本時間と1日の差が生じることがある。

位置の表示

「北緯」、「東経」、「度」、「分」を「N」、「E」、「°」、「′」の単位記号で表記している場合がある。

◆爆弾重量の表記

「t」米国換算（Ｓｈｏｒｔ　ｔｏｎ）　９０７ｋｇ

「トン」日本換算　１，０００ｋｇ

米国の1ポンド＝０．４５３ｋｇ。

トンの表記について、米国換算の場合は「t」、日本換算の場合は「トン」と表示している。

1　太平洋戦争と京都のまち

　太平洋戦争中、アメリカはＢ２９を使った戦略爆撃という考え方で、東京、横浜、名古屋、大阪、神戸の大都市を空襲・壊滅し、多くの中小都市にも甚大な損害を与えた。だが、京都は大規模空襲を免れ、古くからの町並みや建造物の多くがそのまま残された。観光などで京都に見える人のほとんどは、京都は戦争とは無縁で空襲はなかったと思っている人が多く、京都の人でもあまりご存じない。７５年も前のことで生まれていなかった方も多く無理もないのだが、長く京都に住んでいるご高齢の方でも、聞いたことはあるが、という程度で詳しくはご存じない。京都のまちが大空襲を免れ今日あるのは、当時のアメリカ政府のある高官によるものと考えても過言ではない。大空襲こそなかったが、馬町や西陣では空襲で多くの市民が亡くなられたのである。

　空襲の事実を後世に伝えるため、馬町と西陣の地元では石碑の建立やフィールド・ワーク、情報発信に取り組んでおられ、また多くの方が調査研究されている。被害の状況は、これまでにある程度把握されたのだが、空襲の経緯の解明は未だ不十分である。

　７５年以上も前の戦争について、今さら何を考えるのかという人もいるだろう。戦争は前線の将兵だけではなく、多くの市民にも犠牲を強いた。伝統産業・文化に支えられ、ものづくりのまちとして発展してきた京都ではあったが、太平洋戦争・１５年戦争では、西陣の伝統産業に見られるように、戦時経済・国民総動員体制に組み込まれ、従業者や織機などの多くの人や資材が軍需産業に向けられ、ほぼ壊滅状態となった。西陣だけではない。鐘紡など紡績工場は軍需工場に転換され、新たに航空機の製造も始めていたのである。陶磁器関係では、ロケット・エンジンの燃料製造装置や手投げ弾などの爆弾も作り始めていたのである。百貨店や学校などが軍需物資の

生産工場となり、山間部のトンネルや小学校の校舎も工場として使われた。戦争や軍需産業とは無縁のものづくりのまちと思われていた京都が、実は軍需産業のまちとして、女学生や学童、高齢者を巻き込み大きく変容していた事実を知っておく必要があるだろう。

空襲警報を知らせる市役所のサイレン

　昭和初期に建設された京都市役所が、およそ９０年を経て大規模な耐震補強がされているが、本館や屋上の塔屋の外観はそのままの形で保存される。河原町通御池の広々とした空間に立って、この少々レトロな建物や東西に真っすぐに伸びる広い御池通が、太平洋戦争を物語る遺産であることに気付く人は少ないだろう。

　戦時中、この塔屋には市民に空襲警報を知らせる大きな３連式ホーンのサイレンが設置され、市内の各所のサイレンとリンクして管理されていた。ホーンは鴨川と高野川の流れのように北西、北東、南の方向へＹ字形に設置され、塔屋の横には大きな防火水槽が２つ置かれていた。そして、軍からの情報をここから各地域へ、市民に発していたのである。だが、深夜の馬町空襲の時には、空襲警報や警戒警報は出ていなかった。

　戦禍で多くの都市建物が消滅した中、京都市役所の塔屋のサイレンの写真が、米国の太平洋戦争の調査報告書に象徴的に掲載されている意味は大きい。この写真が物語るのは、昭和レトロの建物を超えて、兵火・大火を免れて残った平安京の古寺建物に匹敵するのかもしれない。

空襲に備えて拡幅された御池通と建物疎開

　戦前の御池通の道幅は８ｍで、京都の典型的な碁盤目状の通りに

京町家や商家が立ち並んでいた。空襲による建物火災の延焼を防ぐため、南側の建物を強制的に取り壊して５０ｍに拡幅し、防火帯としたのである。今日のような重機はなく、建物の柱にロープをかけて多人数で引き倒していったのであった。北側には戦前の建物が一部残っているが、南側には残っていない。爆弾こそ落ちなかったが、空襲に備えた建物疎開という形を変えた戦災の後である。

　防空法を根拠にした防火帯や消防道路の整備は、御池通だけではなかった。堀川通（西側を拡幅）、五条通（南側を拡幅）、紫明通（南側を拡幅）で適用され、京阪三条、四条大宮などは疎開空地として、東山区の万寿寺通（川端通・六波羅蜜寺）や祇園白川筋などは消防道路として造られたのである。

　アメリカ戦略爆撃調査団は、終戦直後に京都市民の空襲に備えた対応について実地調査を行い、その報告書が多くの写真・資料とともに保存・公開されている。

【京都市役所　塔屋のサイレン】（米国国立公文書館：　USSBS　Field Report Covering Air-raid Protection and Allied Subjects in Kyoto ,Japan　February 1947）

　写真上　市役所屋上の東側から撮影した塔屋。

　写真下　河原町通に沿って北方向を写した。右側ホーンの下に見える白い建物は、島津製作所本店営業所で、建物は現在も残っている。

　サイレンは、市内に１７か所設置され、市役所、元町、船岡山、高野（鐘紡）、上京区役所、鹿ケ谷、旧右京区役所、嵯峨嵐山、西大路御池（島津製作所）、四条大宮、京都駅、桂（三菱・第八製作所）、山科西野（三菱関連工場）、西大路九条（日本電池）、藤森（第１６師団）、醍醐、伏見中書島で、軍需関連工場に近いものも多い。

EXHIBIT B
Illustration of Large Municipal Siren on Tower of Kyoto City Hall.

Right. One of the large municipal sirens in Kyoto City, installed on the tower of the Kyoto City Hall. The control room from which the sirens were operated was located in the room in the top part of the tower from which the balconies protrude. Note the two large sake tanks used for the storage of static water for fire-fighting purposes.

Below. Close-up view of the siren shown above.

家族や郷里は無事なのか

　先の戦争では、将兵や軍属、民間人など多くの人が大陸や南方に赴いた。終戦直後、外地から帰還する将兵らの一番の関心事は、戦地では長く知ることができなかった家族や郷里の様子であった。このため国は、全国の被災地を朱書きした地図を作成して、引き揚げ上陸地の港に準備した。地図を見た帰還兵たちは、故国の土を踏んだ安堵とこれからの不安など様々な思いを抱いて、懐かしの地へ帰還したのである。

　京都市の地図には、空襲被害を受けた東山区馬町、上京区西陣、右京区太秦の３か所が明示されている。馬町では死者40余人、負傷者50余人、家屋損壊143戸、西陣では死者43人、負傷者66人、家屋損壊292戸、太秦の三菱工場では死者２人、負傷者48人という大きな犠牲を出した。

　しかし、戦時下における言論、出版、報道などは、憲兵隊や警察によって厳しく管理統制され、都合の悪い情報の多くは隠されて市民には知らされず、被災数値についても確定的に言えるものではない。

【全国主要都市戦災概況図　１９４５年１２月】（国立公文書館）
　第一復員省（陸軍省を改組）が作成した。被災地域と被災年月日が朱書きされている。

【京都市】

馬町（1月16日）、太秦（4月16日）、西陣（6月26日）の3か所が明示されている。

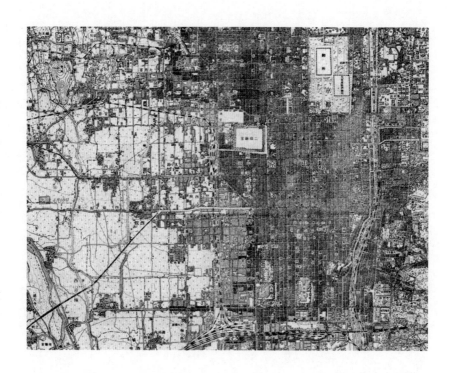

【舞鶴市】

　中舞鶴の７月２９日の１弾（＊原爆模擬爆弾＝パンプキン爆弾）、その他は７月３０日の工廠と艦船への攻撃で、投弾数は不明と記している。

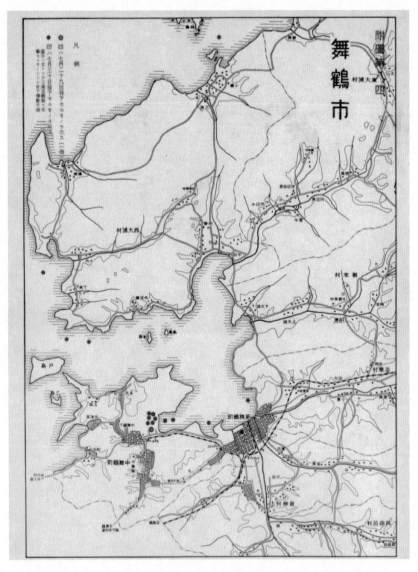

【大津市】

　大津東洋レーヨン滋賀工場（７月２４日＊原爆模擬爆弾）、大津陸軍少年飛行兵学校（７月３０日）、滋賀海軍航空隊（７月３０日）が記載されている。

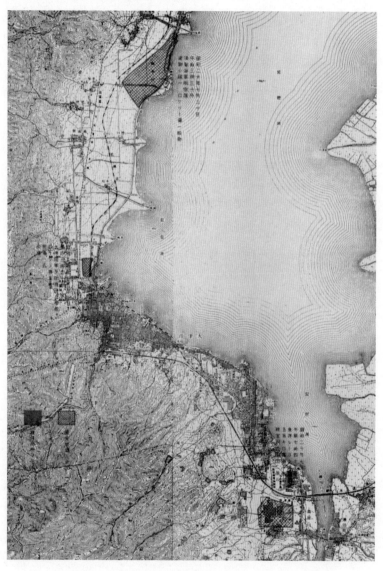

占領下の京都

　連合国は、日本占領に当たり西日本を管轄するアメリカ第6軍司令部を京都に設置した。京都では、京都ホテル、都ホテル、第一赤十字病院、将軍塚、岡崎公会堂、勧業館、美術館、動物園、植物園、旧陸軍施設、民間ビル、個人住宅（洋風）などの多くの建物・施設が、司令部（軍政）、宿舎、病院、駐車場として接収され、岡崎には教会がつくられた。

【ＧＨＱ（連合国軍最高司令部）Ｇ２（参謀第2部・情報担当）モージャー氏撮影写真　国立国会図書館 USSBS】

　占領下の日本各地の焼け跡や市民生活などがカラーで３０４コマ撮影されており、うち２６コマが京都で、市役所や八坂神社、知恩院、円山公園、平安神宮、東寺、疏水などが写っている。

京都市役所

　河原町通側からの撮影で、時計は午前9時過ぎ、横には「ＣＩＴＹ　ＨＡＬＬ」の案内板が見える。立哨のＭＰ（米陸軍警察Military　police）や市民はコートを着ており、4階の窓は空気の入れ替えのためか開いている。懐かしい市電のレールや架線が写っている。

京都ホテル（河原町御池　現　ホテル・オークラ京都）

　御池通側の正面玄関で、「ルテホ都京」と戦前の右からの書き方である。将校用宿舎として使用され、２階のバルコニーにはアメリカ国旗、玄関にはジープが止まっている。

キリスト教教会

　接収した岡崎公会堂（現　市立美術館別館）の南東広場には教会
（礼拝堂　12ｍ×33ｍ）が造られた。後方は東山の山並み（南禅
寺・永観堂方向）。

河原町通四条の南行の市電停留所

　正面は鐘紡（KANEBO）、左の建物には永樂屋の看板が見える。女性は和服、モンペ服姿が多く、男性は背広、詰め襟学生服、作業服に帽子である。歩道の外国人女性とショー・ウインドーの人形はアメリカン・スタイルである。

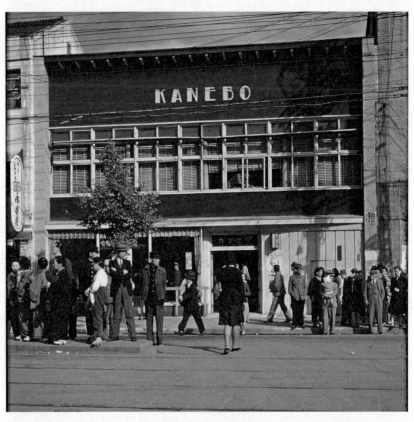

円山公園　瓢箪池

今も残る瓢箪池の石橋で、親子三代の静かな散策風景である。

2　京都におけるＢ29の空襲

　太平洋戦争中、多くの都市がＢ29の空襲を受けたが、唯一、京都には大規模な空襲がなく、馬町、太秦、西陣の３か所に単発的な空襲があったとされている。

　これは終戦直後の１９４５年１０月にＧＨＱが京都府から被災状況調査を行い、「京都における空襲防護と連合国に関する現地調査報告」（Field Report Covering Air Raid Protection and Allied Subjects, Kyoto Japan）としてまとめたことから、これらの３か所が定着したものと考えられ、この中でＢ29によるものとして、

　東山区　　馬町　　　　（４５年１月１６日　死者３４）
　右京区　　太秦（三菱）　（４月１６日　死者　２）
　上京区　　西陣　　　　　（６月２６日　死者４３）

が記録され、Ｂ29以外の艦載機による攻撃も記録されている。

　一方、８月１５日のポツダム宣言受諾後の１９日、天皇の署名入りの文書がＧＨＱ最高司令官にマニラで提出された。その報告文書には主要都市の空襲被災状況として６９都市が報告されているが、京都は西陣（死者５１、負傷者１８３、家屋全壊７１、被災者６６０）だけで、馬町、太秦や京都府内、滋賀県内で最も犠牲者の多かった舞鶴、大津の空襲は、記載されていない。

　これらの日本側の資料をもとにしたＢ29の京都の空襲については、攻撃場所も含めてアメリカの攻撃記録とは大きな相違がある。これらの空襲がどのような状況・経緯の中で起こったのか、アメリカ側の戦略爆撃調査団文書を中心にみていきたい。

米国戦略爆撃調査団文書 (USSBS United States Strategic Bombing Survey)

　「米国戦略爆撃調査団文書」は、大統領指令により、第２次世界大戦のヨーロッパ戦線と太平洋戦線における戦略爆撃の効果や影響について調査・研究を行い、特に太平洋戦線に関しては、真珠湾攻撃の理由や無条件降伏受諾に至る経緯、原爆投下の影響などを明らかにするために、軍、行政、民間から膨大な資料収集、尋問、実地調査を行ってまとめられたものである。

　日本側資料の多くが廃棄・消滅した中では、極めて重要な意味をもつ貴重な資料であり、ＧＨＱ関連の戦略爆撃調査団資料として、国立国会図書館や米国国立公文書館が公開に応じている。

京都空襲を記録した「航空攻撃報告書」

　最初にみていくのは、「第２０空軍　太平洋地域における航空攻撃報告」(THE AIR ATTACK IN PACIFIC 20TH AIR FORCE REPORT) である。日本に対する航空作戦を指揮したアメリカ陸軍航空隊（軍）の第２０空軍が作成した報告書で、Ｂ２９による戦略爆撃の全てを目標ごと、出撃日時ごとに網羅しており、馬町、西陣、舞鶴、大津、原子爆弾や模擬原子爆弾（パンプキン）の投下、舞鶴湾、宮津湾の機雷投下についても記録している。

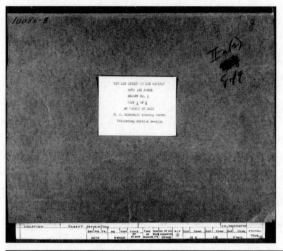

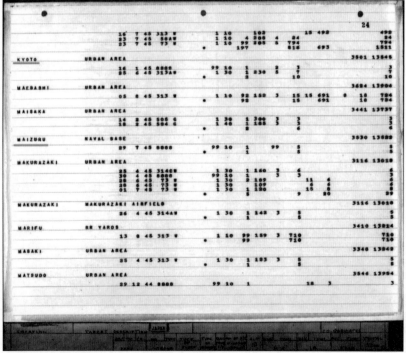

【京都、舞鶴の部分を拡大】

KYOTO	URBAN AREA				
		16	1	45	8888
		25	6	45	313AU
MAEBASHI	URBAN AREA				
		05	8	45	313 W
MAISAKA	URBAN AREA				
		14	2	45	505 G
		18	2	45	504 G
MAIZURU	NAVAL BASE				
		29	7	45	8888

　京都に関しては、全114ページの報告書の24ページ目に、KYOTOの見出しと2行だけの記録があり、この中には多くの重要な情報が含まれている。太字にしているのが原文訳である。（＊青色下線は加筆）

「京都　市街地　北緯35度1分　東経135度45分」

　京都の見出しと位置である。これは具体的な攻撃目標の照準位置ではなく、都市の位置で、上京区猪熊通丸太町付近、二条城の北側で西陣空襲の南側付近にあたる。北緯35度（四条通付近）ちょうどではなく、60分の1の1分（距離約1.8km）、北に設定している。44年11月にアメリカ陸軍地図部が作成した日本本土攻撃・公式地図の京都市市街地の位置は、これに加えて北緯35度00分、東経135度46分（下京区寺町通仏光寺。馬町空襲地の北西1.4km）の2か所を設定している。

馬町空襲

「1945年1月16日　8888（＊特別任務機）のB29　1機が、その他の任務（コード99）で、第1目標（コード10）の京都の市街地（URBAN AREA）に、コード2の通常爆弾（General Purpose）、3tを投下」

　1行目は、1月16日の馬町空襲である。この文書の中に出てくる全ての8888特別任務機の爆弾投下高度は空欄で記載されていないが、次の第2の文書「作戦任務報告」から、馬町での投下は29,000ft.（8,800m）の高高度であったことがわかる。

　爆弾のコード表からコード2は、250ポンド（113kg）または300ポンド（136kg）の通常爆弾であるが、第2の文書は250ポンドであったと記録している。通常爆弾（General Purpose）は、高爆薬炸裂型（High　Explosive）の爆弾で、東京、名古屋、大阪などの絨毯爆撃に多く使われた火災を発生・延焼させる焼夷弾（Incendiary）やナパーム弾（Napalm）ではない。

　被災直後の松原警察署の報告では、高度約6,000mから250ポンド級焼夷弾1個、100ポンド級瞬発性爆弾50個以上、20ポンド級瞬発性爆弾200個を投下したとみていた。（「松原警察署の措置概要」）

西陣空襲

「1945年6月25日　第313（Air　Wing）爆撃隊のB29　1機が、爆撃任務（コード1）、自らの目標判断（コード30）で、高度23,800ft.（＊7,300m）から京都の市街地に、コード5の通常爆弾（General　Purpose）、7tを投下」

　2行目は、6月26日の西陣空襲である。出撃離陸時間はグリニ

ッジ時間の２５日で、１日早い日付である。

　コード５の爆弾は、２，０００ポンド（９０７ｋｇ）の通常爆弾である。２，０００ポンドは、イコール、アメリカ（Short Tons）の１ｔで、日本の１トンとは異なり、換算で日本の０．９０７トンに相当する。１ｔ爆弾と聞くと、大阪や東京に投下され、今でも工事現場などから不発弾として発見される爆弾で、このような大型爆弾は京都とは関係ないと思っておられた方が多いと思うが、西陣に投下されたのは、この１ｔ爆弾である。

舞鶴海軍工廠空襲

　舞鶴海軍工廠空襲の記録が同ページの京都の下段、前橋、舞阪、舞鶴…にある。

　「１９４５年７月２９日　８８８８特別任務機のＢ２９　１機が、その他の任務（コード９９）で、第１目標（コード１０）の舞鶴海軍基地にコード９９の１０，０００ポンド爆弾、５ｔを投下」

　広島、長崎の原爆投下のおよそ１週間前の舞鶴海軍工廠の空襲である。コード９９の爆弾は、原爆の模擬爆弾で長崎に投下されたプルトニウム型原子爆弾ファット・マン（Fat Man）と同型、同重量にした爆弾で、塗装の色がかぼちゃに似ていたためにパンプキンと呼ばれていた。１発の重量が１０，０００ポンド、約４．８トンあり、その内の２．９トン分が爆薬（原爆）収納部で、模擬爆弾では高爆薬やコンクリートが詰められていた。

　舞鶴では、この模擬爆弾１発で勤労動員の学徒ら約１００人が亡くなっており、同日に宇部―３発、郡山―２発、東京―１発、和歌山―１発をそれぞれ投下している。また、７月２４日の大津東レ空襲で使用されたのもこの爆弾である。

馬町空襲の「作戦任務報告 WSM116」

　第２の文書は、「作戦任務報告」（Tactical　Mission　Report）である。

【「第20空軍　第21爆撃大隊司令部　作戦概要NO.11　第73爆撃隊」（USSBS
マイクロフィルム　公益財団法人大阪平和センター所蔵）】

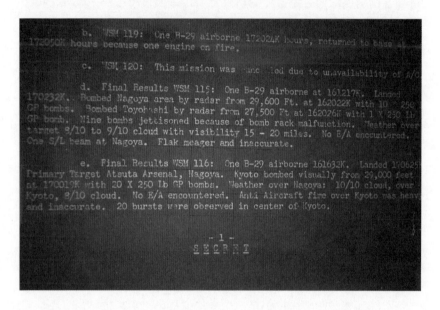

　「1機のＢ29　16日16時32分k離陸、17日6時25分k
着陸。第１目標は名古屋の熱田造兵工廠。京都で目視にて17日0
時19分k、高度29,000ft.（＊8,800m）から20発の
250ポンド通常爆弾を投下。

　名古屋上空の気象は雲量10／10、京都は雲量8／10。日本
側からの迎撃戦闘機の反撃はなし。京都上空では激しい対空砲火が
あったが、不正確。京都の中心部に20発の炸裂が見えた」

　Ｂ29のWSM116は、任務コードで、Weather and Strike

Mission　気象観測と爆撃の任務の頭文字を付けた第１１６号報告の意味で、所属は第７３爆撃隊の第４９７爆撃グループである。

　爆弾投下時間のマリアナ時間ｋ１７日０時１９分は、日本時間より１時間早く、日本時間では１６日午後１１時１９分になる。ＷＳＭ１１６の上段に、馬町空襲のおよそ４時間前に名古屋を空襲した８８８８のＷＳＭ１１５の報告が記載されている。

　「１６日午後８時２２分ｋ（＊日本時間　午後７時２２分）、名古屋に高度２９，６００ｆｔ．からレーダーで１０発の２５０ポンド爆弾を投下、豊橋では午後８時２６分ｋに高度２７，５００ｆｔ．からレーダーで１発の２５０ポンド爆弾を投下したが、爆弾倉の故障から残りの９発は投棄した。上空の気象は雲量８／１０～９／１０であり、視界は１５～２０マイル（＊２４～３２ｋｍ）であった。敵機の迎撃はなく名古屋上空でサーチライト照射があり、対空砲火は弱く不正確であった」

　この機は、名古屋―豊橋間の６０ｋｍを４分間で飛行しており、ジェット気流に乗り時速約８００～９００ｋｍの高速で飛行したことになる。また、この頃のＷＳＭ気象観測・爆撃任務のＢ２９は、２０発の２５０ポンド通常爆弾を３ｔ搭載していたことがわかる。

戦略爆撃　―爆弾の在庫が底をついた―

　東京、名古屋、大阪の大空襲やその他の都市を空襲した戦略爆撃は、どのような考え方で行われたのか、馬町空襲や西陣空襲のあった時期にはどのように進行していたのかを第２０空軍（司令部）の作戦部長がまとめた「第２０空軍　爆撃行動報告書」（４５年１１月）から概要を見ておきたい。

　「第２０空軍　爆撃行動報告」

　（Report on Bombing Activities of the 20th Air Force

against Japanese Home Island by Colonel J. B
Montgomery, AC, Deputy Chief of Staff for Operations
of the 20th Air Force）

「最初の爆撃隊（Wing）の配備は、１９４４（＊昭１９）年１０
月、サイパン島・アイズリー飛行場に到着した第７３爆撃隊である。
１１月２４日から東京の西にある中島航空機工場を攻撃したが、こ
れがマリアナから日本本土への最初の作戦であり、１１５機の配備
で１１１機が出撃した。

　（＊１月１６日の馬町空襲の頃。馬町を空襲したのは、第７３爆撃
隊）

　第２陣は、第３１３爆撃隊で、１２月中頃、テニアンに到着し、
２月初めに作戦任務を開始した。

　第３陣は、第３１４爆撃隊で、グアム・北飛行場において２月後
半に作戦任務を開始した。

　第４陣は、第５８爆撃隊で、テニアン島・西飛行場において５月
最初に作戦任務を開始した。

　最終は、第３１５爆撃隊で、グアム島・西飛行場において６月後
半に作戦任務を開始した。

　（＊６月２６日の西陣空襲の頃。西陣を空襲したのは、第３１３爆
撃隊）

　第２０空軍の戦力は、４４年１１月には平均９３機であったが、
４５年６月後半には１，０００機弱に達した。また第２０空軍の第７
戦闘機隊（＊グラマンＰ５１戦闘機など）は、Ｂ２９の支援・護衛
として４５年３月初めに硫黄島に配備された。

　第２０空軍の当初の目的は、日本本土の工業を壊滅して経済を縮
小させ、戦争遂行能力を破壊することであり、戦略的に最高度の攻
撃目標は航空機産業、航空機エンジン工場であった。

１１月２４日の１１１機による中島航空機工場の攻撃から３月９日（＊東京大空襲　３月１０日ｉ）までを第１局面、それ以降を第２局面とする。

（＊馬町空襲のころ）

　第１局面の特徴は、優先度の高い第１目標に対する精密爆撃（Ｐｉｎ　Ｐｏｉｎｔ　Ｂｏｍｂｉｎｇ）、編隊による昼間・高高度爆撃、昼間に離陸して夜間に帰投するものであり、この間に２２の主要目標を爆撃し、例外的に約３０機の小規模で東京の夜間爆撃を行った。

　これらの爆撃高度は、平均２８，０００〜３２，０００ｆｔ．からであるが、天候が最も深刻な問題であった。この高度では風速が１２５〜１４０マイル／時あり、１１月〜２月の間、時には２００マイル／時（＊３２０ｋｍ／時　８９メートル／秒）にもなり、爆撃を極端に難しくした。このため目標への接近は西側からとなり、北や南からの接近は風に大きく流されて採用できなかった。また東から西への風上に向かっての接近は、対地速度（ground speeds）が１００〜１５０マイル／時（＊４４〜６７メートル／秒）と遅くなり、対空砲火による損害が大きくなると考えられ、風上から接近する必要があった。

　もう一つの障害は、爆撃高度の雲量の予測が難しく、目視による爆撃の妨げになったことである。さらには目標が航空機産業で昼間に高高度からの編隊爆撃を行っていること、１１月から１月は１爆撃隊で、２月からは２爆撃隊で攻撃していることを日本側が気付いたことであった。このため、１月中頃までに日本の防空力の有効性が増し、日本の戦闘機の迎撃は激しく、対空砲火もさらに効果的になり、１月の出撃１００機当たりの損失は５．７機に増加した。

　第１局面では、延べ約２，１００機で７，０００ｔの爆弾を投下し、名古屋の三菱工場５３％、太田の中島航空機工場３２％、明石の川

崎航空機工場３８％、また東京、名古屋、神戸の市街地に１平方マイル（＊２.５９㎢）に損害を与えた。アメリカには、約１００機、乗員４００人の損害が出た。

この結果は、満足できるものではなかったため、爆撃方法が主要都市の市街地への低高度からの攻撃に変更された。これは、市民を恐怖に陥れるために考えたものではなく、主要な産業施設や都市市街地にある様々な形の多くの小規模工場を破壊しようとするものであった。これらは高高度からの精密爆撃では破壊できず、効果的な方法は市街地に対する焼夷弾爆撃であり、乗員に対する新しい攻撃方法や爆弾管理の訓練が行われた。

第２局面は、３月９日、東京に３３０機による最初の低高度からの爆撃を行い、約１６平方マイル（＊４１㎢）を破壊して成功した。２日後に名古屋、２日後に大阪、３日後に神戸を攻撃し、さらに２日後の日に再び名古屋を攻撃した。３月９日〜１８日まで続いた５回の攻撃で、延べ１,６００機によって爆弾９,０００ｔを投下して３０平方マイル（＊７８㎢）を破壊した。投弾量は第１局面の７,０００ｔからさらに２,０００ｔ増の９,０００ｔを投下したが、損失は２２機で、第１局面の１００機に比べて少なかった。

名古屋爆撃の後、焼夷弾の在庫が底を突いたため本国へ緊急要請をしたが、この間に精密爆撃の優先第１目標に対する新たな爆撃手法が考えられた。夜間爆撃で先導機が、照明弾の火焔で浮き上らせて、後続機がそれを目印として高度５,０００〜８,０００ｆｔ.から、編隊ではなく直列して単機ごとに爆撃するというものであった。

この爆撃方法で、名古屋の三菱工場、太田の中島航空機工場、静岡工場、東京郊外の中島航空機工場の４か所に大規模攻撃を行ったが、太田ではかなり成功したものの一般的には効果があるとは考えられなかった。照明が不十分な場合、肉眼では見えるが爆撃照準器

の望遠鏡では見つけるのができないため、この爆撃方法は続けることはできなかった。

（＊太秦空襲の頃）
その後、Ｂ２９は沖縄戦の支援のため、４月１７日から５月１１日の間、九州の１７飛行場を攻撃し、ほとんどの施設、多数の航空機を破壊した。（＊四国の松山飛行場も攻撃）

（＊西陣空襲の頃）
５月１１日、元の任務に戻り、焼夷弾の補給後、東京、名古屋、大阪、神戸、横浜へ大規模攻撃を行い、６月中頃までにほとんどを破壊した。
その後、天候の良いときには工業施設目標の昼間の精密爆撃に、天候が悪いときには市街地工業地域への夜間の焼夷弾爆撃という２方法を採った。

１機当たりの月平均の出撃時間は、第１局面の５０～６０時間の標準が、第２局面では１００時間を超えた。乗員の月平均の飛行時間は、第１局面では３７～４５時間であったものが、第２局面では９０時間を超えるようになり、有能な乗員は１１０～１２０時間に達した。（＊飛行時間だけからすると、日本本土までの往復１飛行１５時間として、乗員は第１局面で月に２～３回、第２局面は６回程度出撃していることになり、多くの隊員のローテーションで運用され、隊員のリフレッシュ時間も相当、付与されていたと考えられる）
第２局面の昼間爆撃の平均高度は１７，０００ｆｔ．ぐらいで、強力な防空地域では１８，０００～２２，０００ｆｔ．、防空力の弱い地域では１０，０００～１５，０００ｆｔ．であった。
３月初めからの夜間爆撃の高度は、５，０００～８，０００ｆｔ．で

あり、その後、高度は上がり8月の小都市の爆撃では10,000〜12,000ft．になった。夜間攻撃で高度が高くなったのは、目標がより小さくなったためにレーダー爆撃と（＊ノルデン照準器とを）同調させるためには高度を上げておく必要があり、レーダー同調の爆撃は5,000ft．ではうまくいかなかった。

1機当たりの爆弾搭載量は、第1局面は3t、第2局面では7.5tに増加しているが、これは作戦の平均高度が30,000ft．から17,000ft．に低くなったためで、これよってマリアナと日本の往復の航空機燃を減らすことができ、その分、爆弾搭載量を増やすことができた。マリアナと日本の間の往復15時間の飛行で、1機1時間当たり約100ガロン、15時間で1,500ガロン（5.7kℓ）節約できることになり、重量に換算して第2局面では16,000ポンド（＊7.2トン）の爆弾を積載できることになった。

爆撃の正確性は、第1局面から第2局面では大きく向上した。高度30,000ft．から投下した場合、目標から1,000ft．（＊300m）以内に着弾する割合は12％であったが、高度を下げた場合は40％であった。低高度の場合は、より高い確率で目標を視認することができ、第1局面では70％の機がレーダーを使って爆撃をしているが、第2局面では30％になっている。

爆撃の正確性の向上や爆弾搭載量の増加によって、第1局面では250機が必要であった爆撃が、第2局面ではでは30機で可能ということになる。これにより第2局面では、1か月間に48の都市、12の石油施設を効果的に攻撃できた。

第315爆撃隊の機は、後部の銃座（Turret）のみを残して他の機銃は全て取り外し、新しいイーグル・レーダー（Eagle Radar）

Ｑ７を特別に装備していた。通常のＢ２９は、上部、下部、後部の
銃座とＱ１３レーダーを装備していたが、この第３１５爆撃隊は、
石油精製施設を攻撃するために、特別の装備がされたものである。
石油施設は海岸線にあり、位置の捕捉と爆撃をＱ７レーダーで行う
性能テストであって、６月後半から終戦までの間に１３の石油精製
施設を攻撃したが、損失は３、４機であった。（＊数字の小さいＱ７
レーダーの方が新機種である）

　１１月２４日から８月１４日（＊日本時間　１５日）までに、延
べ２８，８００機のＢ２９を投入して、１５７，０００ｔを投下し、戦
闘中に３３４機のＢ２９を失い、４４０機が全損、１００機以上を
訓練や整備のための移動中に失った。乗員も約２，４００名を失った。
　日本の損失は甚大であった。６６都市を失い、うち５９都市はほ
とんど完全に壊滅し、７都市は一部破壊、市街地域の１７８平方マ
イル（＊４５６㎢）を失った。５１３の重要な工場施設を失い、そ
の中の２５は航空機製造工場、８は造兵工廠、１３は石油精製・保
管施設であった。
　Ｂ２９と支援戦闘機の連携によって、約１，０００機の日本側の航
空機を破壊し、他に７００機を破壊したと思われる。アメリカの損
失は、Ｐ５１、Ｐ４７（＊戦闘機の機種）の２０４機であった。

（＊舞鶴空襲、大津空襲の頃。　空襲したのは第５０９混成爆撃
隊）
　８月初めにＢ２９によって広島、長崎に原爆を投下したが、日本
国民にこれ以上の戦争遂行は国家の滅亡であることを感じとらせる
ことであった。プロジェクトの全てが秘密裏に厳重な保安管理の中
で進められ、第２０空軍（＊司令部）の中では誰も知らず、第２１
爆撃大隊司令部と第５０９混成爆撃グループの司令官などのごく限

られた一部の者のみが知っていた。」

　当時の航空戦力は、日本も同様であったが空軍として独立しておらず、陸軍と海軍のそれぞれの中にあり、アメリカ陸軍航空隊（United States Army Air Corps, USAAC）は、1942年にアメリカ陸軍航空隊（軍）（US Army Air Forces）そして戦後の１９４７年に陸軍から独立したアメリカ空軍となった。

　アメリカ陸軍航空隊の下部に太平洋戦線を担当する第２０空軍があり、その下部に第２０爆撃大隊（司令部　成都）と第２１爆撃大隊（司令部　グアム）があったが、４５年３月末に第２１爆撃大隊に統合された。その後、４５年７月に陸軍戦略空軍（U. S. Army Strategic Air Force）が創立され、爆撃大隊（司令部）は統合された。

当時の組織・司令部

アメリカ陸軍航空隊（軍）　　（ワシントン）

　第２０空軍（対日作戦を指揮）（ワシントン）

　　第２１爆撃大隊司令部　（グアム、当初はテニアン）

　　　　第　７３爆撃隊（サイパン）【馬町空襲】

　　　　第３１３爆撃隊（テニアン）【西陣空襲】

　　　　第３１４爆撃隊（グアム）

　　　　第３１５爆撃隊（グアム）

　　　　第　５８爆撃隊（テニアン）

　　　　第３写真偵察隊（スクォードン）（グアム）

　　　　第５０９爆撃グループ（テニアン）

　　　　　陸軍、海軍から編成された特別の混成部隊で、原爆、原爆模擬爆弾（パンプキン）を投下【舞鶴海軍基地空襲】【大津東レ空襲】

第７戦闘機隊（Ｂ２９の護衛）（硫黄島）

　アメリカ陸軍航空隊（軍）や爆撃隊のユニット（単位）には様々な訳語があるが、ここでは、爆撃大隊、爆撃隊とグループの三つに簡略化しておく。

　　スクォードン　　（Squadron）　　　　　　　　１２機）
　　グループ　　　　（Group）（４スクォードン　　４８機）
　　　　　　　　　　（例　第５０７（混成）爆撃隊）
　　ウイング　　　　（Wing）（３グループ　　　　１４４機）
　　　　　　　　　　（例　第７３爆撃隊、第３１３爆撃隊）
　　ディビジョン　　（Division）（５ウイング　　７２０機）
　　　　　　　　　　（例　第２１爆撃大隊司令部）

Ｂ２９（Super fortress 「超要塞」）

　アメリカの爆撃機には、第２次世界大戦中、空母から発進して本土を最初に爆撃したドウリットル空襲で知られるＢ２５（Mitchell　ミッチェル）、サイパン島攻略などのためにオーストラリアなどから出撃したＢ２４（Liberator　リベレーター）、ヨーロッパ戦線や太平洋戦線のアリューシャン列島（キスカ、アッツ）やラバウルなど南方戦線の攻撃に使われたＢ１７（Flying fortress「空飛ぶ要塞」）があったが、これらの爆撃機は、いずれも日本本土の攻撃には航続距離が足りなかった。

　Ｂ２９（Super fortress 「超要塞」）は、強力な防御機能も兼ね備えた長距離・重爆撃機で、もともとは米国本土からヨーロッパへ出撃させる考えで開発され、原爆開発がマンハッタン計画として完全に秘密裏に進められたのに対して、Ｂ２９の開発・生産は、世界

にオープンにしてアメリカの国を挙げて進められており、日本もその情報は入手していた。４４年春からインドや中国の成都に配備され、４４年１０月、サイパン島に配備したのである。

　乗員１１人、全長３０ｍ、全幅４３ｍ、全高８ｍ、２，２００馬力エンジン×４発の重爆撃機で、空重量３２トン、積載燃料３５㎘、実用最高高度１１，０００ｍ、上昇時間６，１００ｍ／３８分、最大速度５８７ｋｍ／時（高度７，６２０ｍ）、航続距離６，６００ｋｍの性能があったが、同時に２，５５０ｍの長い滑走路を必要とした。また、低温、低酸素、低気圧の高高度を飛行するため、暖房や酸素マスク、与圧装置を装備していた。

　Ｂ２９は空飛ぶレーダー・セットともいわれ、

①高高度からの爆撃用で雲を通すＡＮ／ＡＰＱ１３

②ＩＦＦ（敵味方識別（Identification friendly or foe）応答用の自機表示のＳＣＲ－６９５

③他機や艦船からのＩＦＦ火器管制用、基地局ビーコン応答用のＳＣＲ－７２９

④地上・海面からの自機の高度測定用　ＳＣＲ－７１８

⑤ロラン用のＡＮ／ＡＰＮ－４の各種レーダー

を搭載していた。

日本までの航法

　サイパンやグアムから日本本土までの２，５００ｋｍ、７時間の長距離フライトであるが、今日のような超ハイテクの測位システムはなく、どのような方法で洋上を飛行していたのであろうか。その基本は、推測航法と天測航法の組み合わせであった。

　推測航法は今日でも多く使われている航法で、ジャイロ・スコー

プを使い地球の自転、重力とコマの高速回転によって一定の方向を指し続ける作用を利用したもので、天体や電波など他の力に頼らない装置である。ナビゲーターは、ジャイロによる方位系と航空地図を利用して、飛行方向と速度、時間を計算しながら推測航法を行うが、風の影響は避けられず、予定のコースを飛行しているかどうかを３０分ごとに太陽、月、星を観測して確認する必要があった。攻撃のためだけではなく、自己や搭乗員を守るためにも事故や遭難など緊急時の救助要請に備えて、絶えず自機の位置を正確に把握しておく必要があり、直近に確認した位置からの飛行方向や速度などの飛行状況を地図上の座標（緯度、経度）で常に把握してなければならなかった。ジャイロと地図、正確な時計、特定の天体の位置を示した航空年鑑が必需品であり、これらによって太平洋上を飛行していたのである。

　さらに当時、開発されたレーダーやロラン電波、帰還時のホーミング・ビーコンも使われた。硫黄島や小笠原諸島の父島、母島付近では、１２５マイル・レンジ（約２００ｋｍ）のレーダーで島の位置を確認していたのだが、接近しすぎてもいけなかった。日本のレーダーや対空砲があり、何よりもこれから日本本土に攻撃に行くことを知られ、本土において迎撃態勢に入られるからである。

　レーダーは、さらに本土の陸地に接近したときに夜間や雲に覆われていても予定の地点であるかを確認できた。潮岬、尾鷲、紀伊水道、淡路島、知多半島、渥美半島、伊豆半島、三浦半島、房総半島など海岸線に特徴のある、間違えることのない地点を進入地として選定できたのである。そして爆撃時の照準にも利用された。

　ロラン航法システム（Long Range Navigation）は、アメリカ海軍が開発したもので、考え方は今日のＧＰＳ（Global Positioning System)）と同じで、衛星の代わりに洋上の島などの２か所以上の固定基地から発信されるロラン電波の到着時間差を利用して、位置

を確認する電波誘導システムである。海軍では４２年から使われているが、航空機用の基地局が４４年１１月からフェニックス諸島、マーシャル諸島、ニューギニア、グアム、サイパンなど、南太平洋から順次、整備・拡大されてきた。そしてロラン電波の受信装置が、Ｂ２９に優先的に装備されたのである。

「ロラン航法の精度は天測航法とほぼ同じであるが、嵐などで天測航法が利用できないときでも利用できる利点があり、また約３分で位置確認でき天測航法よりもはるかに早いことである。

有効範囲は、夜間は電離層の反射波を利用して約１，２００海里（＊nautical mile ２，２２０ｋｍ）であるが、昼間は地上波だけによるため６００海里（＊１，１１０ｋｍ）である。電波の発信基地を適当に配置することによって長距離飛行が可能になる。主に海上でのナビ・システムであり、陸地内の１００〜２００マイルの間では、電波は大きく減衰する」（航空情報　４４年１０月　Air Intelligence）

馬町空襲の４５年１月１６日、馬町を空襲したＢ２９（ＷＳＭ１１６）の約１３時間前に離陸したＢ２９（ＰＲＭ（写真偵察）１６）は、ロランは往路１，０００マイル、帰還時９００マイルで良好に機能していたと報告している。

ホーミング・ビーコン（RADIO HOMING BECON）
ホーミング・ビーコンは、出撃機の帰還時間に合わせて約１,０００km到達の電波を基地から発射して、基地の方向を示し、帰還航法を容易にするものである。

【マリアナから日本までの飛行ルート】

　４５年６月２６日の名古屋、大阪を攻撃（西陣空襲時）したとき
の飛行ルートである。中間に位置するのは３月にアメリカが確保し
た硫黄島で、護衛戦闘機との合流点であり、Ｂ２９の緊急着陸飛行
場でもあった。飛行ルート上には海軍の水上艦艇や潜水艦が救助用
に配備されている。西陣を空襲した第３１３爆撃隊は、尾鷲から琵
琶湖を経て名古屋へ、離脱は三河湾、渥美半島へ向かうコースであ
った。本州上を東西に走っているのが北緯３５度線で、京都では四
条通付近を通っている。

（国立国会図書館　USSBS Entry53：Nos.223 through 231,Honshu targets）

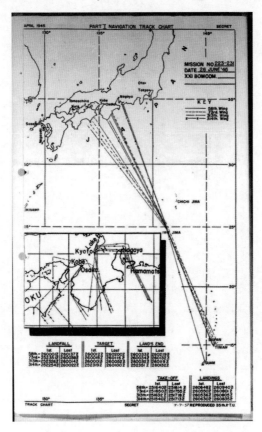

【京都市街地の航空地図】（米国国立公文書館A-２ SECTION XX 1 BONMBER COMMAND　KYOTO　AREA　Target-Chart）

　45年４月に第21爆撃大隊が作成した京都市の航空地図である。地図の中心は北緯35度00分、東経136度45分の四条通堀川付近（円形は、２海里（3.7km）ごと）。地図は、原爆投下目標とは別のものである。

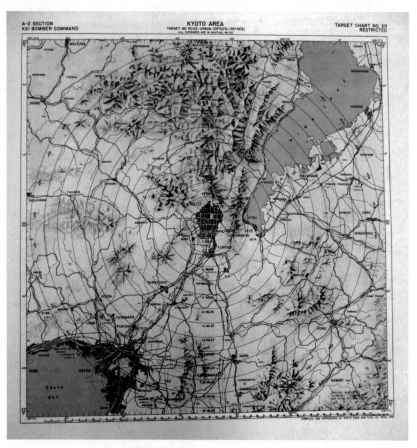

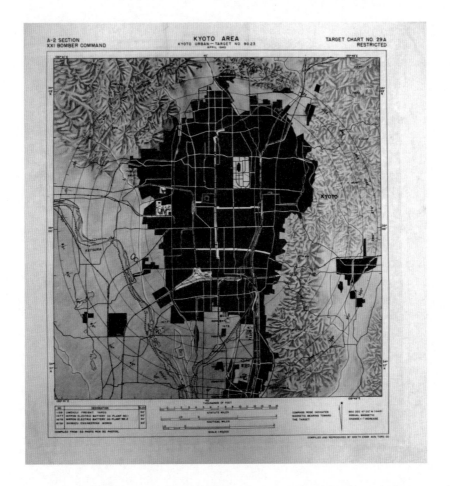

　第3写真偵察隊の写真から編集したとしており、地図の下にはス
ケールと4か所の攻撃目標の目標番号、施設名が記載され、地図上
にも目標番号が入っている。磁方位は、西へ6度ずれると注意書き
がある。京都が具体的攻撃対象となってきたことを示している。（円
形は、2,000ft.（600m）ごと）

１１５９　（＊目標番号）　梅小路操車場

１６７７　日本電池第１工場（＊吉祥院）

１６７８　日本電池第２工場（＊上鳥羽）

６１３９　島津製作所　（＊西大路三条）

　４５年４月に作成された地図（４３ページ）には、左下に桂の京都発動機製作所（三菱・第八製作所）が黒塗りで記されているが（目標名・目標番号は入っていない）、中央左にあるべき太秦の京都機器製作所（三菱・第十四製作所）は記載されていない。太秦の京都機器製作所は、戦後の調査でまとめられた「空襲による効果　大阪 － 神 戸 － 京 都」（Effect of Air Attack on Osaka-Kobe-Kyoto）（４７年）において、初めて登場してくる。（太秦空襲のページ参照）

米国の日本地図作成

　４４年１１月にアメリカ戦争局陸軍地図部は、北日本、中部日本、南日本諸島の航空地図（２５万分の１縮尺）と地名辞典の初版を発刊した（以降、「４４年航空地図」と略す）。これら地図の作成には、大日本帝国陸地測量部（現在の国土地理院）が１９０９（明４２）年に測量・作成（２２年、３１年、３２年に修正）した地図が使われており、京都周辺においては、宇治火薬製造所、伏見区の陸軍の配置の詳細、巨椋池の水深などが記載され、軍事的価値の高い資料であった。

　４５年３月にワシントンの合同目標グループは、本格的な日本本土攻撃に備え、詳細な地図作成に入っていた。室蘭・函館・青森については２万分の１の地図、東京・神奈川・千葉、名古屋、大阪・神戸、八幡・下関・佐世保・長崎については５万分の１の地図を完成し、舞鶴、四日市、岡山、呉は５万分の１地図の作成中で、その他の本土エリアは２０万分の１の地図の段階であった。

　都市部については、航空目標フォルダー（ＡＯＦ）と合わせて使用するため、１２，５００分の１などの地図を準備中で、舞鶴はシート（舞鶴空襲のページ参照）として公式に出しており、京都は２月２０日にプリントを配布したとしている。

　第２０空軍（第２１爆撃大隊）は、航法アプローチ用に５０万分の１、２５万分の１、目標認識用に４万分の１の地図を使っていたが、馬町空襲の１月の時点では、京都は２５万分の１程度の小縮尺地図しかなかったことになる。

　北海道エリアは、Ｂ２９のマリアナからの攻撃のレンジ外で、札幌も京都と同様に大規模な空襲はなかったが、７月１４〜１５日に室蘭（製鉄）や青函連絡船に対して海軍第３８機動部隊の艦砲射撃、空母艦載機よる大規模な攻撃があった。第３８機動部隊（第３

艦隊時・日本国際航空工業（大久保）空襲（7月））＝第58機動部隊（第5艦隊時・沖縄戦（4月）、東京・相模湾空襲（2月））は、同一の空母群であったが、日本はアメリカが対日攻撃に2つの空母機動部隊を有していると誤認していた。

上空6,000mから見る京都と琵琶湖

　B29のパイロットたちには上空から京都周辺はどのように見えたのだろうか。47ページの写真は、日中、京都府南部の宇治田原町付近の高度およそ6,000mから撮影した京都、琵琶湖の眺めで、上空は良く晴れている。

　左側から京都盆地、山科・醍醐盆地、琵琶湖である。京都盆地では、三山の山並みとY字をなす鴨川と高野川が見える。中央の四角形は京都御苑（水平距離で約25km）、手前の東山連山の北のくびれは三条、南のくびれは今熊野付近である。この山麓西側に馬町が、京都御苑の西側に西陣が位置する。

　京都盆地の右手前は山科・醍醐盆地で、この南側が宇治市木幡などへつながる。右側山地に上醍醐、その北側に音羽山、逢坂山へと連なっている。中央付近が比叡山・比叡平で、比良山系の蓬萊山、武奈ケ岳が見える。

　右側は琵琶湖から宇治川につながる大津市の浜大津、膳所、瀬田で、中遠望の琵琶湖のくびれは堅田（同約30km）、突き出た高島市の舟木崎、後ろに湖北のマキノ付近が見え、距離はおよそ70km先である。

　琵琶湖の南岸の浜大津や瀬田、くびれのある堅田、舟木崎、西の湖・近江八幡などは、陸地と水面の境界にあり特有の自然地形をなしている。このため、目視やレーダー捕捉が容易で、見間違うことのない地形であり、爆撃航法に入るIP（Initial point of target

イニシャル・ポイント）として、名古屋、岐阜空襲時に多く指定された。

西陣を空襲した第３１３爆撃隊は、名古屋　愛知航空機永徳工場を攻撃するため、４５マイル（７２ｋｍ）手前の近江八幡　西の湖をＩＰ（写真中段右端）とした。そして、その中の１機は、ＩＰまで飛行したかどうか不明であるが、なんらかの事情で目標には投下できず、京都市内に投下し、西陣に着弾したのである。

レーダー

第２次世界大戦は、レーダー開発の歴史でもあり、この開発と効果が戦局を分けたともいえる。レーダーの基本原理は既に１９３０年に発見され、英国、ドイツで研究が先行し、差し迫った脅威から英国で最初に使われた。ドイツの英国本土爆撃に対応するため、イ

ギリスは、１９３８年には「チェイン・ホーム・システム」と呼ばれる中高高度用、低高度用の３５０基のレーダーを東海岸に連続的に配備して、市民に空襲をいち早く知らせて退避させるとともに、戦闘機の迎撃出撃を行っていたのである。太平洋戦線の始まる３年前、馬町空襲の６年も前に英国ではこのシステムはできていた。

　４０年、英国は、航空機用レーダーを実用化してドイツのイギリス空襲を止め、その有効性を実証し、４２年にその技術をＭＩＴ（Massachusetts Institute of Technologyマサチューセッツ工科大学）へ移して、高出力と３６０度のスコープを備えたシステムを開発した。アメリカは様々な目的のレーダーを大量生産して潜水艦、水上艦船、航空機などに搭載している。

　レーダーは、目標や自機が雲の中にあっても夜間でも有効という最新鋭の技術ではあったが、解像度は十分ではなかった。航空機用レーダーのレンジ（範囲）は、高度にもよるが約１２５マイル（２００ｋｍ）であり、洋上で標高６００ｍ程度の山のある島であれば２００ｋｍ離れて分解能約２度（７ｋｍ）で捕捉でき、平坦な陸地海岸線であれば、１００マイル（１６０ｋｍ）離れて捕捉できた。これで紀伊半島など近畿の地勢はだいたい捉えることができ、沿岸部や琵琶湖などのエリアでは陸地・水面の反射波のコントラストによって比較的容易に識別できたが、内陸部の識別は難しく経験と熟練度を要した。

岐阜空襲のレーダー・スコープ

　岐阜空襲（４５年７月９日）の第３１４爆撃隊のアプローチ地図とＡＮ／ＡＰＱ１３レーダー・スコープ写真（高度１０,０００～１５,０００ｆｔ.（３,０００～４,５００ｍ））である。

　三重県尾鷲を進入地点にし、３５３度（真北から西へ７度）方向

のIPである滋賀県高島市の舟木崎まで（139km）直進する。琵琶湖の形状、途中の近江八幡の西の湖など、目視でもレーダーでも識別しやすい、間違うことのない地点を選択している。

　IPの高島市舟木崎は、爆撃航法入る始点で、ここから80度（真東から北へ10度）方向で、63kmを直進して岐阜に向かう。この間は、ノルデン照準器を使って爆撃照準を設定するルート・時間であり、ルートを直進しなければならず高度の変更はできない。また投下のためには水平飛行していなければならない。

　中段の30マイル・レンジ、下段の50マイル・レンジでは琵琶湖の形状がはっきり見え、上段の20マイル・レンジでは内陸の中に木曽川が表示されているが、識別には相当な熟練度を要する。7月9日の岐阜空襲では、B29　129機によって市街地に898tの焼夷弾が投下された。

【岐阜空襲時のアプローチ地図とレーダー・スコープ】
（国立国会図書館　USSBS Entry53：Tactical Mission Report（M260）＊青色加色）

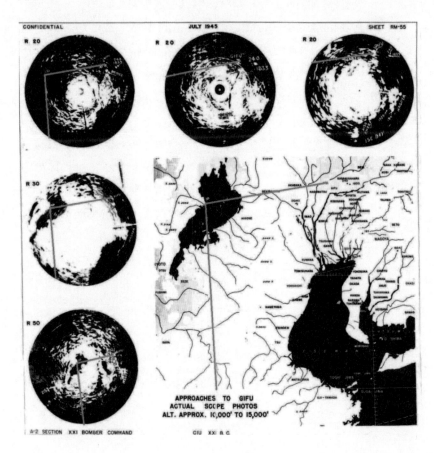

【上段２０マイルレンジの拡大】

CONFIDENTIAL

R 20

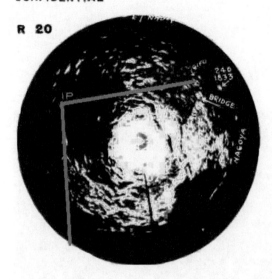

四日市の内部石油精製所空襲の最新型レーダー・スコープ

　第７３、第３１３、第３１４の爆撃隊などにはＡＮ／ＡＰＱ１３
レーダーが備えられていたが、後期に配備された第３１５爆撃隊に
は高高度、高速飛行用に最新式ＡＮ／ＡＰＱ７のレーダーが装備さ
れていた。６月２６日に四日市の内部石油精製所を夜間攻撃した第
３１５爆撃隊の最新型レーダーＡＮ／ＡＰＱ７の映像である。

　扇角度は飛行方向の両サイド３０度の６０度、横軸は５マイルご
とのグリット線、伊良湖岬付近上空から見ており、知多半島、伊勢
湾が写っている。スコープの真上方向は、おおよそ約３３０度の北
北西方向であり、その約１０度左の線は四日市へのアプローチ・ラ
インで、約３５マイル（＊５６ｋｍ）先に白く浮き上がっているの
が四日市の目標である。高度は１５，０００ｆｔ．（＊４，５００ｍ））
付近から見たものである。

この攻撃が第３１５爆撃隊の最初の任務であり、３５機が出撃し、３３機が第１目標に高度１５，０００ｆｔ．から、通常爆弾（５００ポンド）２２３ｔを投下した。

【レーダー・スコープ写真（６月２６日）】
（国立国会図書館　USSBS Entry 7 ：航空情報Vol.No18）

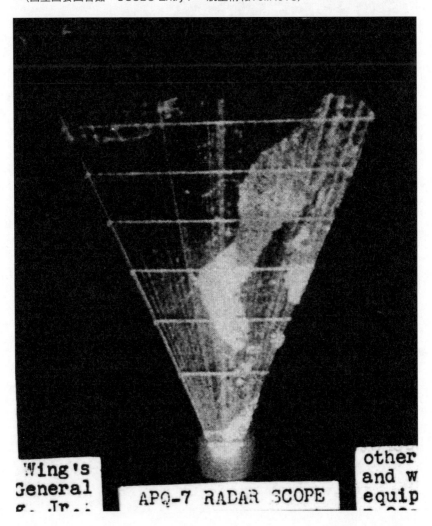

【レーダー・スコープ写真（7月9日）】

（国立国会図書館　USSBS Entry53：Tactical Mission Report（ M261））

　7月9日の23時40分ｋから10日0時38分ｋに第315爆撃隊が内部石油精製所を攻撃したときのレーダーＡＮ／ＡＰＱ7の映像である。伊勢湾の中央付近の高度約7，000ｆｔ．（＊2，100ｍ）から見たもので、レンジの半径は16マイル（26ｋm）、岐阜空襲の20マイル・レンジのスコープ（ＡＮ／ＡＰＱ13）と比べてかなり鮮明になっているようだ。

CONFIDENTIAL

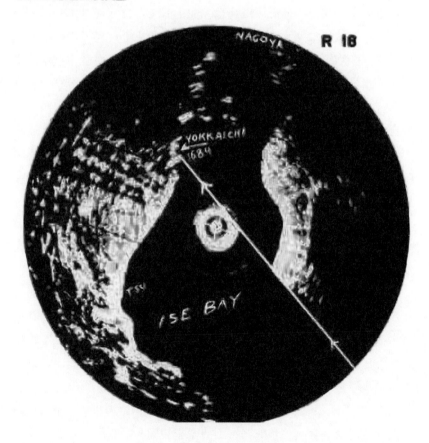

この日、第３１５爆撃隊は、内部川の石油精製施設に対して６１機で高度１５，５５０〜１６，９５０ｆｔ．から通常爆弾（５００ポンド）４６９ｔを投下した。

　四日市は、４５年３月〜８月の間にＢ２９　１９８機による１，３３５ｔの爆撃を受けて大きな被害が出ており、これらのうち４機は８８８８で、３機は原爆模擬爆弾を投下している。

日本のレーダー開発

　日本のレーダーの研究・開発は、先進していたイギリス、ドイツのレーダー技術に関するドイツからの情報をもとに多くの研究者を集めて、陸海軍が別個に開発を進め、４３年には多摩陸軍技術研究所、海軍技術研究所電波研究部を新設し、京都にも伏見分室を設置した。連合国は、アルニコ磁石（鉄、アルミ、ニッケル、コバルトの合金）を材料にした高出力マグネトロン技術を使ったレーダーを完成していたが、日本では遅れ、また開発を進めても既に多くの艦船を失っており搭載する艦船もないという状況で、空襲による研究施設の分散などもあり、４５年春には頓挫していた。

　戦後、米国は日本のレーダー開発について、大戦前には半年遅れ、大戦後は４年遅れであったと評価しており、米英やドイツの飛躍的な進歩に比べてほとんど進んでいなかったと言える。

　日本のレーダーは電波探知機としての性能は初歩的なものであったが、発信している電波は既にアメリカに捉えられていた。米軍は、日本側に無線通信局とは別に、レーダー基地があるとして、４５年３月１８日に佐多岬（鹿児島）、１９日に高知、新居浜、呉、７月２４日には熊野、高知のレーダー基地を攻撃している。

　「２月２１日、日本のレーダー基地の探索・偵察のため、第２０空軍指揮下の第３写真偵察隊に特別機器を装備した５機のＢ２４『フ

ァレット　Ferret』を配備した。これらは２４個の別々の電子機器と１０個の各種アンテナを装備している。５月２６日が最初の作戦フライトで、Ｂ２９の攻撃時に広範囲に稼働している南方諸島にある日本側レーダー網の６０％の位置を確認した。６月２６日（＊名古屋・西陣空襲）の攻撃の１か月前、１機のファレットは本州海岸から３０マイル離れて偵察を行い、日本本土のレーダー基地の電子機器やシステムの個別の情報を得ることができた。ファレットの偵察を継続して、近いうちに南方諸島全てのレーダー網、本州海岸の前哨艦、早期警戒、レーダー連動型の高射砲データが得られるだろう」（航空情報　４５年７月１８日）

　レーダーによる探知ではないが、日本側からみたＢ２９の空襲の探知について、日本の陸軍中央特殊情報部は戦後の４５年１０月２７日、ＧＨＱ Ｇ２（＊情報担当）に次のような報告書を提出している。

　「通信調査により、約２週間前に米軍の琉球および沖縄の上陸作戦の時期、規模の大要を明らかにすることができた。

　通信調査により、Ｂ２９の本土空襲は６～７時間以前に、Ｐ５１戦闘機の場合は５時間内外以前より判定でき、概ね７０％以上の正確度を有するに至ったが、米側の機数増加と爆撃頻度の急増により、暫時判定困難となるに至った」（「日本陸軍情報に関する報告別冊　中央特殊情報部情報業務概要」）

作戦任務コードの分類

　アメリカ陸軍航空隊は、作戦任務を１４分類し、太平洋地域を担当する第２０空軍情報部は偵察任務をさらに９分類している。そして、これらの分類表とは別の爆弾コード表の中に、馬町空襲の８８

88ミッションに関する手書きの記載がある。

1　目標爆撃　　Objective Bombing

2　警戒　　　　Patrol

3　護衛・援護　Escort or Cover

4　迎撃　　　　Interception

5　地上掃射・敵機排除　Strafing and Fighter Sweep

6　偵察・探索　Reconnaissance or Search

7　牽制・陽動　Diversionary

8　（夜間）侵入　Intruder

10 爆撃　掃射　Bombing and Strafing（Combined）

11 敵遭遇地上部隊への直接支援輸送

　　　　　　　Transport-Directed Support of Ground
　　　　　　　Troops in Contact Enemy

12 海上上空限定での探索・攻撃・警戒

　　　　　　　Sea Search or attack or Patrol Over
　　　　　　　Water Only

13 チラシ投下　Leaf Dropping

15 非戦闘地域（インド・中国間）への物資輸送　第10、第14空
　　　軍に限定）

　　　　　　　Transport‐Non-Combat‐Over‐
　　　　　　　Hump‐India　China　（10th ＆14th
　　　　　　　Air Force Only）

99 その他または指示のないもの

　　　　　　　Other or not indicated

　　　　　　　（＊爆弾の種類の99とは別である）

　当時、アメリカ陸軍航空隊は、英国南部に第8、北部に第9、オ
ーストラリアに第5など全世界に15の部隊を配置していた。これ

らの中に、気象観測単独や気象観測と爆撃を組み合わせた任務はない。ヨーロッパは、国の数も多く日本から見れば広大な地域のようだが、ロンドン・ベルリン間は約１，０００㎞で、京都・札幌間ぐらいであり、地理的には比較的に狭いエリアである。また気象・天候は西から東へ移動するため、ヨーロッパ地域ではイギリスからヨーロッパ大陸方向であって事前の地上観測地点も多いが、日本地域では逆で、アメリカにとって必要な西方面の観測地点・データはなく、米軍にとっては日本本土空襲のため本土周辺地域の気象観測が極めて重要であったと言える。ヨーロッパ戦線のドイツ空襲では英米共同でモスキート戦闘爆撃機やＢ１７爆撃機によって、洋上などの航空気象を観測していた。

　この気象観測・爆撃任務の目的について、「第７３爆撃隊は、４４年１２月５日（＊６日ⅰ）から、毎日３機が間隔をあけて日本本土の目標とルートの気象観測のために単独飛行した。第１目的は、気象データを得ることであるが、都市産業地域を攻撃する爆弾を搭載しており、これらの継続的で予測不可能な攻撃が日本人の士気と身体的な影響を与えたことは容易に考えられる」と空軍週報（４５年４月２６日）に書いている。

　偵察任務について、第２０空軍の情報部は、次のように９分類している。
　　１　写真撮影偵察
　　２　写真撮影・爆撃
　　３　気象観測偵察
　　４　気象観測・爆撃（Weather Strike Mission）
　　５　レーダー・スコープ画像写真撮影
　　６　レーダー・スコープ画像写真撮影・爆撃
　　７　戦闘機・帰還機誘導

8 　捜索（航空警戒、海上救助）
9 　主要任務に伴う重要な関連牽制攻撃

投下目標の順位、投下方法、効果の評価の分類

　爆弾投下の目標の順位、投下方法、投下後の損害の観測評価は、次のように分類している。順位は馬町空襲が１０、西陣は３０である。

　目標順位
　１０　第１目標　　（P．T　Primary　Target）
　２０　第２目標　　（S．T　Secondary　Target）
　３０　自機の判断　（T．O　Target of Opportunity）
　４０　最終投棄　　（T．L．R　Target of Last Resort）

　西陣空襲で使われたコード３０は、直訳すれば臨機に応じた目標ともいえるが、この書では、第１目標、第２目標のどちらにも投下できない状況があり、自機の判断で他の工業・産業エリアなどに投下するという意味で使っている。
　馬町空襲は８８８８任務であり全てが第１目標として取り扱われている。西陣空襲は第１目標が名古屋の愛知航空機永徳工場で、第２目標は指定されていなかったために、京都へ３０自機の判断でT.Oを行ったということになる。

　投下方法
　爆弾の投下はイギリスで開発されたノルデン照準器を使って、コース、速度、投下高度、目標標高などを計算し、操縦とリンクして投下するが、地上の目標を照準器で見ながら投下するか、雲や煙に

よって目視できずレーダーによるかの分類である。

  A Visual   （目視）

  B Radar or Blind （レーダー使用）

　目視による投下は、爆撃手が視覚的に照準操作を行い、視覚照準点または間接照準点に投下する。

　レーダーによる投下は、レーダー・オペレーターが照準操作全体を行って投下する方法で、Blindは爆撃手が照準点、間接照準点ともに見ることができないときにレーダー・オペレーターからの情報をもとに機械的に自動投下するのである。

　馬町空襲は目視による投下、西陣空襲はレーダーによる投下としている。

　爆撃評価は、目視が可能な場合は爆撃手などが第1義的に着弾状況を確認し評価するが、破壊の詳細な程度は、後日、写真撮影を行って破壊面積などが積算される。

  1   excellent（*優）　50％以上命中

      Meaning　many hits on the aiming point

  2   good（*良）　　　40-50％

      Few hits on the aiming point

  3   fair（*普通）　　　30-40％

      hits on the target　area

  4   poor（*貧弱）　　20-30％

      Missed the target

  5   unobserved（*観測不可）　15％以下

「8888」フライトの謎

　馬町空襲のB29につけられた「8888」フライトとは何を意味しているのか。「航空攻撃報告」の組織飛行隊名欄に合計398機

（３９４回）も記録されている。４桁の同数字の使い方からして通常でないことと想像はできても、具体的に何を意味しているのかが長い間、疑問とされてきた。

　西陣空襲では、飛行隊名欄に「３１３ＡＷ」で第３１３爆撃隊という部隊を示している。馬町空襲の飛行隊名欄は、８８８８である。舞鶴海軍基地、大津東レも８８８８である。この３か所の爆撃にどのような共通性があるのか、同じ性格のものなのか。飛行隊名なのか、任務の内容なのか。原爆を投下した機は８８８８であると記載されており、特別爆撃任務（第５０９爆撃隊の爆撃は509th Special Bombing Missionと位置付けられていた）とも理解できるが、原爆投下に関係ないと思われるものが８８％と圧倒的に多く、原爆投下だけではない、何かほかの意味がある。

　この「航空攻撃報告」作成前に予備資料として、同じ様式で作成された「対日航空攻撃　第２０空軍　攻撃日報　予備」（THE AIR ATTACK AGAINST JAPAN 20th　AIR FORCE DAY　BY DAY ATTCKS　Preliminary）には、８８８８の攻撃は原爆も含めて一切出てこない。京都への攻撃は西陣だけで、８８８８の馬町の記載はない。

　しかし、この８８８８の意味のヒントが意外なところに記載されていた。作戦任務コードの分類ページではなく、爆弾種別のページの下段に、手書きで、

「98 Atomic bomb

99 10,000 lb bomb（？）

Under "Organization "（20th Air force Rpt ＃１）

8888 appears to be a code covering experimental, special, and miscellaneous mission」

　＊「98　原子爆弾

99　10,000ポンド爆弾（？）

　第20空軍報告書1に記載された8888は、試験的なもの、特別な
もの及びその他の任務に関するコードのようである。」

　と書き加えられている。原爆や１０，０００ポンド爆弾（＊原爆模
擬爆弾・パンプキン）というこれまでの爆弾コードにない、新たな
爆弾の登場でそれらを書き加えるとともに、枠組みを付して８８８
８を爆弾ではなく任務であると説明している。私たちと同じように、
別の担当者もこの「航空攻撃報告」を見て、その意味を測りかねて
いたようで、１０，０００ポンド爆弾の後ろの「？」や「appears」
の使い方からして、別の担当者は、確信を持った推量として、その
意味を加筆したと考えられる。

【爆弾種別コード表】

（国立国会図書館　USSBS　Entry51：Index of Pacific reports and distribution record of tabulations. Report No.2n（1））

10	1600#AP	

DEPTH BOMBS OR CHARGES

11	325#DB		21
11	350#DB		22
25	2000# Torpedo		23
			24
98 –	*Atomic bomb*		25
99 –	*10,000·lb bomb (?)*		26

Under "Organisation" (20th Air Force Rpt "1)
8888 appears to be a code covering experimental, special, an Dmiscellaneous missions.

		30

８８８８の投弾量の算入

　それではなぜ８８８８（試験的、特別、その他の任務）を書き加える必要があったのだろうか。

　秘密裏に進められ、予想していなかった９８原爆と９９模擬爆弾が登場し、極めて特別なものとして原爆関係を追加する必要があったことは間違いない。だが、原爆・模擬爆弾の登場以前の気象観測と爆撃（ＷＳＭ）にも使われている。ＷＳＭは、偵察任務コードにはあるが、通常の任務コードにはなく、ＷＳＭの活動が通常の資料（攻撃日報）とは別に記録されていたことが考えられる。

　経常的攻撃としてまとめていた「攻撃日報」を予備資料として、これに別枠扱いの９８原爆、９９模擬爆弾、そして偵察任務の中から爆撃を伴うものとして抽出したＷＳＭ気象観測・爆撃任務の３種類を一括して８８８８任務とし、これらを付加して「航空攻撃報告」は完成したと考えられる。

　なぜ８８８８を作る必要があったのか。戦略爆撃任務の具体的活動としての投弾総量を正確に合算する必要があったのである。戦略爆撃任務においては、いかに多くの爆弾を投下したかがその力の評価になる。最終報告書として投弾総量をカウントするときに、爆弾を投下しない気象観測・写真偵察は「航空攻撃報告」に記載を要しないが、爆弾を投下したときにはそれをカウントしなければ総まとめとしての攻撃の総量から漏れてしまうことになる。そこで偵察任務などその他の任務記録から爆弾投下したものを「航空攻撃報告」に含めるために８８８８を便宜的に作ったものではないかと考えるのである。そして、その報告書を読んだ別の担当者が、その意味を疑問に思い、爆弾種別表にメモを残したと考えられるのである。

　写真偵察を任務・目的として京都・宇治上空を飛行した４４年１２月１５日のＢ29（３ＰＲ－４Ｍ40（Photo Reconnaissance

Mission))、４５年４月２日のＢ２９（３ＰＲ－５Ｍ１１５）と４月１３日のＢ２９（３ＰＲ－５Ｍ１３９）、４月１７日のＢ２９（３ＰＲ－５Ｍ１４９）の記録は、爆弾を投下していないため、「攻撃日報」にも「航空攻撃報告」にも出てこない。原爆投下時の観測や写真撮影の随伴機などもここには記録されておらず、同様に考えてよいだろう。このことは、８８８８のフライトは、爆弾投下という具体的な攻撃を伴うものであって、爆弾投下を伴わない第３写真偵察隊の通常の写真撮影などはこの中にはカウントされてないと考えていいだろう。

　８８８８は投弾総量を正確に算出するために便宜的に付けられたコードであり、その任務活動の性格は、原爆投下の第９０７混成爆撃隊とそれ以前に分けて考える必要がある。結論的には、西陣空襲は８８８８ではないため通常任務の一環であり、馬町、舞鶴、大津の空襲は便宜上の８８８８の共通性はあるが、舞鶴、大津は原爆投下の一環で、馬町はそうではなかった。だが、舞鶴、大津は京都への原爆投下に向けた試験飛行であった可能性が高いと考えられるのである。

　「航空攻撃報告」の中で、８８８８のフライトは、４４年２月１８日の相模灘を最初にして、２回目は１２月６日の東京、最終は４５年８月１４日（＊１４～１５日ⅰ）の名古屋までの間、３９４回（３９８機）あるが、相模灘の４４年２月１８日については、北マリアナ諸島やグアム島の基地の確保ができていなかったため、Ｂ２９の実戦配備はされておらず、フライトは不可能で、４５年または１２月の誤記と考えられる。

　同時期の４５年２月１６・１７日、海軍・第５８機動部隊の４隻の空母が沿岸３００マイルに接近して中島、立川、武蔵野、多摩の航空機製作工場を攻撃し、戦闘機３１機が、相模湾一帯に３３、３

００発の機銃掃射攻撃を行っている。

　また、資料中には、４５年７月２０日の茨木県大津港の爆撃を滋賀県大津市に、７月２４日の大津東レ工場の爆撃を名古屋東レ工場とするなど誤記がある。

　本土以外の朝鮮海峡（４５年３月２９日）、パガン（北マリアナ４４年１２月１４日）、済州島（４５年５月１６日）や５か所の位置不明（UNKNOWN）が含まれている。

　８８８８のフライトは月平均約５０回にもなるが、西陣空襲のあった前後の６月１日から７月１９日の間は、鹿児島、四日市、佐賀関、清水、仙台の５回だけで極端に減っている。

　この時期、戦局は、ドイツの降伏、国際連合憲章の５０か国署名、沖縄戦の終結など世界の大勢は大きく変化し、特に米国の原爆実験の成功（７月１６日　ニューメキシコ州）を挟んで、８８８８の内容が大きく変わっていることは明らかである。ここでは、原爆実験が成功した後、原爆模擬爆弾を投下した４５年７月２０日を区切りとして、前期と後期に分けて考えてみる。

前期

　馬町空襲のあった前期の８８８８は、主に第７３爆撃隊による気象観測と通常爆弾の投下を同時に行う任務で、４５年７月２日の清水、仙台までに３４８回（３４８機）のフライトがある。この時期の爆弾搭載量は、多くのフライトで３ｔである。これは高高度を飛行するため多くの燃料を搭載していることや観測・偵察機器や機銃などの防御機材を搭載しているため、重量が制限されていることが考えられる。

　都市別フライト回数（目標数は６８）である。大都市の中で京都は馬町の１回だけであるが、東京、名古屋、大阪、神戸などへは同日に３〜６機が出撃しているものがある。

92回	東京
57回	名古屋
30回	大阪
23回	神戸
12回	佐伯
8回	浜松、呉
7回	玉島
6回	大分、沼津
5回	静岡、新宮
4回	佐世保、清水、立川、豊橋、
3回	太田、佐賀関、父島、徳山、八丈島、 横浜、広島、和歌山
2回	宇部、鹿児島、仙台、松戸、宮崎、
1回	明石、厚狭（＊山口）、硫黄島、今治、岩国、 上田、大島、大宮、小田原、各務原、 鹿屋、鎌倉、京都（＊馬町）、串木野、高知、 甲府、相模灘、四国（高知）、下関、館山、 千葉、鳥島、沖縄、那覇、延岡、 枕崎、湊、門司、横須賀、宇和島、 下田、四日市、朝鮮海峡、済州島、 パガン（北マリアナ）、SHUMURA,YAMATA、 UNKNOWN（2）

　なお、SHUMURA,YAMATAはスペリング表記誤りと考えられる。

後期

　舞鶴空襲、大津東レ空襲のあった後期の４５年７月２０日以降は全てのフライトで、それまで一度も使われなかった原爆模擬爆弾（パンプキン）が投下されており、広島（８月６日）、長崎（９日）の原

爆投下後も、１４日に名古屋の３か所に７機が軍需関連施設（豊田自動車工場（３発）、春日井鷹来陸軍工廠（１発）、春日井鳥居松工廠（３発））に投下している。５月１０、１１日の原爆目標選定委員会では、模擬訓練、投下機の安全性についての検討が既に行われていた。

　広島、長崎の２発の原爆投下後もトレーニングを行っていることは、その後も引き続いて日本への原爆投下を考えていたことを示唆していると言える。また全ての投下で広島（リトル・ボーイ）のウラニウム型より、より強力な長崎（ファット・マン）のプルトニウム型パンプキンを使用していることから、長崎のプルトニウム型が、今後の原子爆弾の主流になることを見越していると言えよう。

第５０９混成爆撃隊

　原爆投下のため陸軍、海軍の双方から編成された第５０９混成爆撃隊は、１９４５年７月２０日〜８月１４日までの間、原爆の模擬爆弾を搭載して４４回（４８機）、原爆を搭載して広島、長崎の２回の飛行をしている。

　パンプキンの重量（約４.８トン）は、ファット・マン型原爆（長崎）と同じであり、通常爆弾とは全く異なるものである。このためＢ２９の爆弾倉を改良するほか、投下後の弾道テストなど様々なデータを必要としていた。日ごと、エリア別の投下記録は、次のとおりであり、特定の日に主に単機で多方面へ多く出撃している。

　７月２０日　　（９機）
　　大津　市街地　　　（＊北茨木市大津港）
　　平　市街地（２機）（＊いわき市）
　　東京　市街地　　　（＊中央区）

富山（３機）　鉄鋼、アルミニウム会社、ソーダ会社

　　　新潟　製造会社　（＊長岡市に投下）

　　　福島　軽工業

　７月２４日　（９機）

　　　大垣　　市街地

　　　神戸　（４機）　海軍施設、製鋼、機関車庫、鉄道

　　　新居浜（２機）

　　　四日市

　　　名古屋東レ（＊大津東レの誤り）

　７月２６日　（１０機）

　　　大阪、柏崎、下田（＊島田の誤り）、平（＊いわき市）、

　　　富山、名古屋、浜松、日立、焼津

　　　都市不明　（＊新潟県鹿瀬町と思われる。）

　７月２９日　（８機）

　　　宇部（３機）、郡山（２機）、東京、和歌山、

　　　舞鶴（海軍工廠）

　８月　６日　広島（原爆）

　８月　７日　（５機）宇和島、敦賀、徳島、四日市（２機）

　８月　９日　長崎（原爆）

　８月１４日　（７機）　名古屋（豊田、春日井）

　下線をつけた都市については、一般市街地に投下したとしており、本来は別の目標があった可能性が高い。８８８８のフライトでは、第２目標やＴ.Ｏはなく、全て第１目標として記録されている。

　下線を付けていない、広島、長崎を除く都市については、軍事工場、飛行場、鉄道施設、工場などを具体的目標にしており、神戸の２か所、焼津、郡山は、鉄道関係施設を目標にしている。

　また、それまで一度もフライトのなかった長岡（新潟と表記）、福

島、大垣、新居浜、柏崎、島田（下田と表記）、富山、焼津が突如として出てきている。アメリカは、日本の４０年の国勢調査をもとに京都、福知山、舞鶴、東舞鶴などを含む１８２都市をリスト・アップしているが、この中には大津（北茨木）、下田（島田）、焼津、鹿瀬の４か所は含まれていない。

原爆投下候補地であった広島、京都、新潟、小倉の周辺で、大きな軍事目標もない都市に投下しているものが見受けられ、これらが候補都市の原爆投下に向けたトレーニングと疑われるのである。

後期の都市別のフライト回数は、次のとおりである。

４回　名古屋（８機）、神戸、富山

３回　宇部、平（＊いわき市）、四日市、

２回　郡山、東京、新居浜

１回　大津（＊北茨木）、大津（＊滋賀県）、長岡（新潟）、
　　　福島、大垣、大阪、柏崎、島田（＊下田）、
　　　日立、焼津、浜松、舞鶴、和歌山、宇和島、
　　　敦賀、徳島、都市不明（＊鹿瀬）、広島、長崎

馬町空襲の８８８８は初期の段階のフライトで名古屋空襲の最中であり、名古屋付近上空あるいは西方・北西方の気象観測と市街地産業エリアへの爆撃でリアクションを偵察・調査するもので、爆撃目標の順位付けは大きな意味をもたない。このため、８８８８は集計時に便宜的に全て第１目標として処理されたのではないかと考えられる。

乗員の養成と日米の極端な国力差

アメリカ陸軍航空隊の規模は、第２次世界大戦（ドイツのポーランド侵攻後もアメリカは中立を維持し、日本の真珠湾攻撃によって

参戦）当初の１９３９年は、隊員２４，７００人、航空機２，４００機（戦闘用１，２００機）、基地数４０（うち国外４）で、各国と比べても小規模であった。当時の戦闘用航空機は、日本４，０００機、ドイツ８，０００機、イギリス３，９００機、フランス２，０００機、イタリア３，０００機であった。

　しかし、ヨーロッパ戦線の動きを見ながら太平洋戦争の開戦直前の４１年１１月には、２９７，１００人、航空機１０，８００機（うち５００機は太平洋地域に配備）、太平洋戦争の戦時体制の中で、２年後の４３年末には、ヨーロッパ・アフリカ戦線など含む全ての戦闘要員、地上補給要員などは２４０万人を超え、航空機も６５，０００機へと急速に増強されていた。

　またパイロットなどの養成は、４３年には航空要員９８，０００人（パイロット７２，０００人、ナビゲーター・爆撃手・機関銃手の各８，０００人など）と地上要員の整備士など１８５，０００人体制で行われていた。日本と同様に多くのアメリカの若者がこれらに動員されたのであるが、満州事変や日中戦争で長く疲弊していた日本とは、その国力、動員力において極端な差があった。

　４２年当時の陸軍航空隊が製作した将兵募集の公式フィルムでは、パイロットの月給は２４５ドル、年間ボーナス最高５００ドル、機長になれば月給４３０ドルとし、日本の場合（４５年）は上等兵で月給１０．５円と戦地加算（１４円）を含めて約２５円、中尉は９４．１６円と１１５円で約２１０円、中将は４８３．３３円と４８０円で約９６３円である。日本銀行の資料では４１年の円・ドルの為替レートは、「１ドル＝４．２円程度」（＊１円＝０．２４ドル程度）であり、月給２４５ドルは、１，０２９円に相当し、いかに日米の国力差が極端であったがわかる。国力差を比較するのにはいろいろな指標があるだろう。天然資源や食料生産、兵器・武器をはじめとした工業製品の生産力、資金、労働力・人口など、どれをとっても日米

の国力差が極めて大きかったことは間違いない。

　物には限りがあるが、無限にして無尽蔵なのは精神力であり、物質的には劣っていても精神力のすぐれた者が最後の勝者になるという、極端な精神論に日本は陥っていたと言える。

　「第２０空軍作戦概要　1944.6.5－1945.8.14」

　（SUMMARY OF TWENTITH AIR FORCE OPERATION 5 June 1944-4 August 1945）

　（第２０空軍戦費について）

　「第２０空軍の戦費は３０～４０億ドルであり、これは戦費総額２，４９０億ドルの２％、国の年間歳入１，４００億ドルの３％。対ドイツ戦概算費用３００億ドルに比べて、Ｂ２９による作戦によって費用が軽減されている」

　馬町空襲のあった４５年１月の段階で運用できたのは、第２１爆撃大隊の第７３爆撃隊だけである。４４年１０月、初めてＢ２９がサイパン島に配備され、航空機産業に対する精密爆撃を開始したのであるが、第２１爆撃大隊のハンセル司令官は、これを実行するための乗員の必要な経験・技量が不足していることを十分認識していた。

　「航空攻撃報告」には、４４年１０月～４５年２月に訓練任務として、トラック島へ９日間で延べ１８０機　７９３ｔ、硫黄島へ４日間で延べ７２機　３４５ｔなど１，３０４ｔの爆弾を投下したと記録している。配置されたばかりの馬町空襲の第７３爆撃隊（サイパン）や第３１３爆撃隊（テニアン）、第３１４爆撃隊（グアム）の乗員の訓練に重点が置かれていた時期であったことは確かである。

　馬町空襲のあった頃の名古屋は、航空機製造、工廠などの軍事関連産業が多くあったために何度も空襲を受けており、１月２３日に第７３爆撃隊は５６機による三菱航空発動機工場、市街地に通常

弾・焼夷弾（１６６ｔ）の爆撃を行っている。前期の８８８８の運用においては、長距離飛行によるパイロット、ナビゲーター、爆撃手などの訓練目的もあったと考えられ、馬町空襲はこれらの時期と爆撃隊が一致している。

　戦時体制で急きょ養成され従軍した若く経験の少ない乗組員にとっては、緊張のフライトであっただろう。ミッションは、継続される名古屋空襲に備えたジェット気流（偏西風）や天候・雲量・雲の高さなどの気象情報の収集と爆弾投下であるが、フライト・ルートと爆弾投下によって日本側の対空防衛態勢、反応はどうかという偵察活動も重要であったと考えられる。

　アメリカにとっては、日本本土に対する本格的な戦略爆撃を行う上において、日本側の地域ごとの迎撃態勢・能力は不明・未知数であった。戦闘機の迎撃はあるのか、その機種、性能や戦闘方法、どこから飛来したのか、夜間用のレーダー・システムを装備しているのか。また高射砲などの対空砲火やサーチライトはあるのか、その位置、規模や射撃精度、到達高度などの性能、レーダー連動の照準機器を有しているのかなどの情報が不足していたのである。

京都周辺の高射砲陣地と対空砲火

　馬町を空襲したＢ29（ＷＳＭ１１６）は、京都上空で正確ではないが激しい（heavy and inaccurate）対空砲火があったと報告しているが、どのようなものであったのだろうか。

　「対空砲火情報Ｎｏ．６」（４５年５月３０日）で、伏見に重火器対空砲２１、中小火器対空砲８を確認したとしているが、この数の中に宇治槙島が入っていることは想像されるが、詳細は不明である。

　山科の花山と音羽山は、５月段階の「対空砲情報Ｎｏ．６」ではその存在は確認されておらず、他都市がほとんど爆撃され、残るは京

都だけという状況下で、急きょ設置されたと思われ、馬町の理髪店主は、花山の高射砲部隊を支援する隊員が散髪に来ていたと記憶しておられる。

　６月２６日（西陣空襲）、名古屋を空襲したM（ミッション）２３０の　第３１４爆撃隊は、京都・大津と米原で不正確ではあるが激しい対空砲火、M２２３の第５８爆撃隊は、大阪を空襲した帰還時に京都で僚機９機から対空砲火の炸裂が見え、奈良でも対空砲火、名古屋を空襲したM２３１の　第３１４爆撃隊は、大津、膳所で対空砲火があったと報告している。

　対空砲火（重火器）の強弱や正確性の評価基準
　○　強度
　　強い（Heavy）：　　　１秒間に５発以上の炸裂があり、２０門以上から射撃を受けていることを示している。
　　中程度（Moderate）：１秒間に２～５発の炸裂があり、８～２０門から射撃を受けていることを示している。
　　弱い（Meager）：　　１秒間に２発以下の炸裂があり、８門以下から射撃を受けていることを示している。
　○　正確性
　　正　確：重火器で機体への直撃や揺り動かされたとき。
　　不正確：重火器の炸裂が危険範囲になく、被弾しないとき。

　対空火器に関する多くの情報は、馬町空襲以降であり、馬町空襲当時はほとんど未知数の状態であった。京都周辺の対空砲はどこに配置されていたのか、京都周辺において、その所在が推測されるの

は、宇治・槇島、山科・花山、山科・音羽山の３か所である。山科・音羽山には高射砲の台座跡が、今も残っている。

【京都大学花山天文台】

((米軍撮影ＵＳＡ－Ｒ２７５－Ａ－７－１２７　１９４６年１０月２日)　国土地理院)

「花山天文台の歩み」（２００９年）の中で、「１９２９年（昭４）に完成した天文台の旧京津線九条山駅から天文台までの取り付け道路は、伏見工兵隊（＊第１６師団）の建設協力で作られた。戦時中、天文台の南側に高射砲陣地があったため、軍の要請でドームは緑、茶、黒の迷彩色が施されていた」と記載されている。また、戦後１９４６年に米軍によって撮影された航空写真からも馬町から真東１.５ｋｍの北花山の山中に陣地跡が判別できる。

　写真の中央左に見える四角形は京都大学花山天文台敷地で、その南側に高射砲の台座跡らしきものが（下弦）半円形に集積しているのが見て取れる。右下の鉄道は東海道本線の東山トンネルの山科側出入り口である。

　京都府知事（京都府警察部）の報告記録（４５年６月２９日）には、西陣空襲の６月２６日、荒神橋の鴨川東岸に高射砲の不発弾が落下したとある。詳細は不明であるが、花山から水平距離３,８００ｍであり、高射砲弾は十分届く距離である。山科音羽山からは９,０００ｍあり、高高度に向けて射撃した場合は難しいであろう。

【京都大学・花山天文台（2018年5月）】

【宇治・槙島】（国立国会図書館USSBS Entry59： Damage Assessment photo intelligence reports of Eastern targets）

　44年12月15日の偵察写真をもとに45年5月25日に米軍が宇治火薬製造所を目標分析した時のもので、宇治川の左（西）、田畑の中に円形に見えるのが高射砲陣地、現在は京都文教大学のキャンパス（宇治市槙島町・伏見区に近接）になっている。この東1㎞、宇治川の右に白く囲まれた2か所の部分が宇治火薬製造所で、建物すべてに番号が付され1棟ごとに詳細分析を行っている。

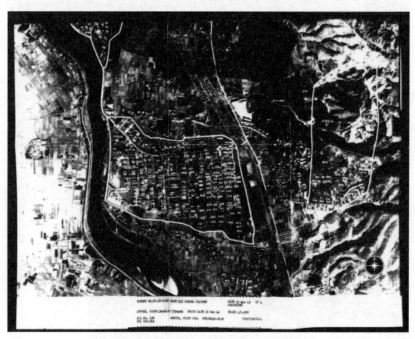

（米軍撮影USA-M205-A8-63　1946年7月24日　国土地理院）
　戦後の46年7月に米軍が撮影したもので、宇治川の西側（左）田
畑の中に花弁のような形をした高射砲陣地跡が見える。その左側の
道路は、国道24号線である。

アメリカは当時の日本の対空砲火について、45年初期には迎撃戦闘機と対空砲火の双方による損失・損害であったが、次第に迎撃戦闘機の出撃減少・弱体化によって対空砲火による損失・損害の割合が増えたとし、その情報収集や対応がより重要になってきたことがうかがえる。

　日本の主要な重対空砲と性能分析（（米陸海軍）合同情報委員会週報 No.121 45年3月3日）

	口径mm	初速ft./s	最高高度ft.	有効高度ft.	
陸軍	75	2,360	29,500	23,700	
海軍	76.2	2,230	24,000	17,500	（2連装式）
陸軍	105	2,300	30,000	24,000	
海軍	120	2,700	35,000	27,700	
海軍	127	2,360	31,000	24,300	（2連装式）

　「対空砲火情報　第21爆撃大隊司令部　航空情報報告」（FLAK INTELLEGENCE XX1 BOMBER COMMAND AIR INTELLEGENCE REPORT 45年4月19日）

　「第313爆撃隊による2月10日の東京の夜間爆撃で、機体に飛び込んできた対空砲弾の破片は、ドイツから持ち込まれたと思われる、39年式・ドイツ製の88mm高射砲弾であることがわかった。実用高度30,000ft.（＊9,100m）で、信管（ヒューズ）の設定最大高度は37,000ft.（＊11,200m）である」

　「対空砲火情報」（45年4月26日）

　「（＊名古屋爆撃における）昼間・高高度（25,000～34,000ft.）爆撃（44年12月12・13・14日、45年1月17・19・21日）出撃380機。夜間・低高度（5,000～9,

０００ｆｔ．）爆撃（３月１１・１８・２４日）８００機。昼間・中高度爆撃（４月７日）１５１機。

　全損失・全損害の中で、対空砲火による割合は、昼間・高高度爆撃４５％、夜間・低高度爆撃９３％、昼間・中高度爆撃９８％である。

　東京爆撃における割合は、４２％、７６％、９５％である。夜間・低高度爆撃や昼間・中高度爆撃の全損失・全損害は、従前の昼間・高高度爆撃と比べて増加していない。昼間・中高度爆撃においては全損失・全損害が増加したが、これは対空砲火によるものであり、減少傾向にはある」

「対空砲火情報」（４５年５月２６日）

　「３月１日に本州の対空砲マップが出されたが、その範囲が拡大している。捕獲した日本の資料や捕虜の尋問から、対空砲はさらに近代化されており、８８ｍｍ、１０ｃｍ、１２７ｍｍがある。現在さらに写真を解析中であるが、地図に表示できていない多数の地点、特に海岸線に沿って配置されている。」（５月３日作成の重火器対空砲の防衛網の地図添付）

　京都３２門、大阪２９５、神戸６２、姫路１８、津　４、串本４、名古屋２１０、各務原１２、豊橋１２、浜松２４。写真偵察により発見した対空砲の数であり、影で囲まれた部分は、風がないときの高度２０，０００ｆｔ．における射程の最大領域であるとしている。

　現在の対空砲の情報として、本州に重火器１，７７７と中・小火器２，１５１が存在するとし、伏見に重火器２１と中小火器８、枚方はそれぞれ１４－０、大阪は２９９－６３、神戸・御影間は９２－２１としている。

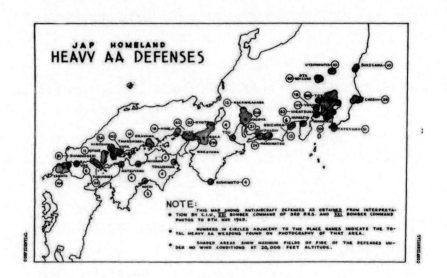

対空砲火からの回避

　アメリカは入手した日本の対空砲火の教本などを分析して、その回避方法について研究している。

　適切な爆撃高度というのは、爆撃の正確性と対空砲効果のバランスであり、基本は爆撃の正確性を維持しながらより高く飛行することである。

　回避ルールとしては、変則的な間隔でコースを３０度以上変更することであり、砲弾が１秒で平均１，０００ｆｔ．（３００ｍ）上昇するとして、飛行高度１，０００ｆｔ．についての１秒に射撃目標の計算にかかる平均５秒を加えたものが、最大時間である。１０，０００ｆｔ．では１５秒ごとに、２０，０００ｆｔ．では２５秒ごとである。コースの変更とともに５００～１，０００ｆｔ．の高度変更、ス

ピードを変えるなどの多様な方法を採って対空砲火を回避するよう示している。

　対空砲火の回避のコースや高度の変更の例として、重爆撃機（＊B29）は、コースを2度変更するのに1秒かかり、40度のターンでは20秒かかるとしている。

　アメリカ戦争部（＊現在の国防総省）が44年に作成した公式トレーニング・フィルムではヨーロッパ戦線における対空砲からの回避について、次のように説明している。

　「航空機の乗員は、対空砲の重火器、中小火器の種類、規模、射撃方法を素早く観察して回避措置を取らなければならない。目視やレーダーによって高度を捕捉して1点集中的に継続して射撃している場合か、レーダーによって飛行位置を先読みして集中的に射撃している場合か、一定の空間にバリケードのように射撃している場合か、などである」

写真情報収集

　「情報部　将校ハンドブック」（Handbook for group intelligence officers）

　航空写真は航空情報の中でも最も重要なものの一つであり、連合国の情報の60％は敵地の写真情報の解析によるものであるとしている。（「写真情報」（photo intelligence）44年10月）

　アメリカは、日本の航空機産業や軍事・軍需工場などの位置情報が不足していた。最新の写真を入手して特定するため、多回数の偵察飛行が必要であった。44年11月にはサイパンに第3偵察飛行隊（スクォードン）が第73爆撃隊に編入され、爆撃プランの作成や戦果の確認などのため、単機で日本上空の高高度からの偵察・写真撮影飛行を開始し、京都にも飛来していた。また45年2月には

ステレオ写真（Sprit Vertical Cameras）が導入され、Ｂ２９の両翼につけたカメラで２枚ずつセットの写真を撮影し、地上を立体視して分析していたのである。

　４５年４月に４回にわたり写真偵察機が京都市上空を飛行している。

　４月２日のＢ２９（３ＰＲ－５Ｍ１１５）は、市内北西部の北区の左大文字から南東方向へ、西陣、府庁、市役所、祇園、東山五条、花山、西野、伏見区醍醐まで、１４０度方向でほぼ直線的に飛行し、幅８ｋｍ、距離１３ｋｍにわたって１４コマの撮影を行っている。

　４月１３日のＢ２９（３ＰＲ－５Ｍ１３９）は、市内北東部の比叡山、岩倉から南西方向へ、高野、京都御苑、京都駅、梅小路、藤森、桂、羽束師、向日（市）まで飛行し、２０８度方向でジグザクに幅８ｋｍ、距離１９ｋｍにわたって２８コマを撮影している。このときは、高野の鐘紡工場、京都駅・梅小路、桂の三菱・第八製作所（京都発動機製作所）の３か所で飛行方向を大きく西に変えており、上京、中京、下京の中心部での撮影コマがほかの地域よりも多い。

　４月１７日　Ｂ２９（３ＰＲ－５Ｍ１４９）　大阪―京都―伊豆を飛行

　４月２２日　Ｂ２９（３ＰＲ－５Ｍ１５６）　桂の三菱・第八製作所（京都発動機製作所）撮影

気象情報収集

　米軍側の気象情報については、航空機、地上基地、艦船からの観測情報を集め、気圧配置図、前線の位置、雲の高さ・雲量などの詳

細な天気予報を行い、航空作戦の支援を行っていた。だが日本上空のジェット気流（偏西風）と悪天候が爆撃効果を極端に減じる大きな問題となり、爆撃方法の変更を余儀なくさせていくことになる。

「東京地方における高度３５，０００ｆｔ．で１５０ノットを超えるジェット気流は、１２月から２月の間で１０回程度、１０月から１２月、２月から４月で２、３回予想される。第２１爆撃大隊は３１，０００ｆｔ．で１９０ノット（＊３４０ｋｍ／時）を報告しているが、第２０爆撃大隊（＊中国成都を基地）は１５０ノットを超えたのは２回だけであったとしている。」（第２０空軍　週報　Weekly news letters　４５年２月１０日）

「気象観測施設を拡大し、太平洋上においての観測地点を４５か所にする。」（第２０空軍　週報４５年３月７日）

「航空作戦支援のための気象偵察は１日１回であったが、１日２回にして乗員の訓練のために南西太平洋とアリューシャンへ送る」（第２０空軍　週報　４５年３月１０日）

　陸軍航空隊指令部気象部は、日本の過去の気象データを収集して調査研究を行い、４５年６月１日に「日本における第２目標爆撃の研究」を作成している。これは、日本の中央気象台が観測した過去１０年間分のデータを調査し、３０地点の天候予測を数値化・地図化したものである。主要攻撃都市である東京、神戸、名古屋の３都市を基点にし、それら第１目標の基点が雲量７／１０以上で、霧、砂塵嵐、漂流雪のために攻撃できない場合、第２目標を選択する参考として、雲量６／１０以下で、霧、砂塵嵐、漂流雪のない全国３０か所の都市の予測値を月ごとにパーセンテージで表している。

（SECONDARY BOMBING STUDY FOR JAPAN　REPORT NO.837 PREPARD BY THE WEATHER DIVISION HEADQUATERS ARMY AIR FORCES）

ジェット気流という神風

　日本本土上空の予期せぬジェット気流・季節風や台風、悪天候は爆撃精度など日本本土攻撃に重大な影響を与えた。

　44年11月24日　B29　111機で武蔵野の中島航空機工場へ最初の爆撃を行ったが、200マイル／時（＊320km／時）の西からのジェット気流と悪天候により、日本に到達できなかった機もあり、第1目標を攻撃できたのは24機の22％、与えた損害は工場のわずか1％だけで、正確な爆撃ができず大半は第2目標の東京港に投下した。B29の損失1機。

　名古屋の三菱航空機工場の壊滅に約5か月間で7回、延べ674機の爆撃を要し、2,927tを投下した。高高度からの精密爆撃による目標の命中率は約13％で、8機が投下して1機分が命中する確率である。

　45年1月16日、馬町を空襲したB29（WSM116）の13時間前に離陸したB29（PRM16写真偵察機）の報告である。
　「名古屋、東京エリアの写真撮影のために2時55分kに離陸。174ノット（＊313km／時）の向かい風と残燃料の関係から第1目標の名古屋に向かえず、第2目標の東京に変更し、豊橋、静岡、立川、東京湾などを偵察。立川飛行場で15機の戦闘機（シングル・エンジン）、昭和飛行場で35〜40機の戦闘機（シングル・エンジン）、第3の飛行場で30機の大型機を確認、東京湾では軍艦に見える8隻と3隻の艦艇が針路270度（＊西方向）で東京港へ向

かっていた。ロランは、往路1,000マイル、帰還時900マイル
で良好に機能していた」

　アメリカの本土攻撃の前に大きく立ちはだかったのが、日本とそ
の周辺のジェット気流や悪天候であり、アメリカが日本の最大の防
衛力は悪天候であったというほどであった。

　日本にとっては国難に際しての神風であったかもしれないが、そ
れは別の危難を導いたのである。このジェット気流や悪天候による
軍需工場などに限定した高高度・精密爆撃の難しさが、一般都市市
街地への絨毯爆撃を導き、多くの一般市民の命を奪う一因になった
のである。

3 京都の8か所の攻撃目標

　アメリカの戦略爆撃の目標はどのようになっていたのだろうか。対日戦略目標の検討は、開戦2年後の43年11月にまとめられた「対日戦略目標の分析」で、目標設定の出発点というべきものである。（「REPORT OF COMMITTEE OF OPERATIONS ANALYSIS」）

　この分析は、軍事・民間用船舶交通、鉄鋼業、市街地工業地域、航空機産業、ベアリング、ラジオ・レーダー・電気機器について分析され、さらに食料、非鉄金属、石油、鉄道交通、自動車産業、機械工作・研磨、発電、電気機器、造船、化学、兵器・軍需品、織物などについても調査・検討している。

　この中で、日本経済・産業に関する情報収集方法の中心となるのは日本の出版物であるが、産業や貿易に関するほとんどの情報が早くは31年から秘密にされ、検閲によって止められている。現時点で大きく不足しているのは写真がないことで、空撮によってこれらの位置の特定や疑わしい新工場などを補完していく必要があり、また捕虜の尋問や入手物品からの情報も重要であるとしている。日本に対する情報組織・機関は小さく情報は不足しており、このためアメリカは、イギリスの強力な陸軍情報機関と情報を共有していくことになる。

　43年11月の「対日戦略目標の分析」段階では市街地工業地域は、東京、横浜、名古屋、大阪、神戸の大都市をはじめ20都市を挙げているが、京都は入っていない。鉄道網関係は、函館、静岡、広島、関門トンネルだけで、梅小路は目標に入っておらず、航空機産業関係にも京都は入っていない。造船関係では、9か所が目標とされて舞鶴海軍基地が入っている。

　その後、44年2月に航空機産業に関してまとめられた「三菱と

日本の航空機産業」では、出版物（開戦直前の４１年７月の出版の
ものも含まれている）、軍事情報、外交文書、傍受したラジオ放送の
内容などを資料にして、１９８の航空機産業関連会社・工場（一部、
独、仏などを含む）を調査している。これらの中に京都の日本電池、
日本国際航空工業（宇治市大久保）、島津製作所が含まれているが、
桂の京都発動機製作所（三菱・第八製作所）、太秦の京都機器製作
所（三菱・第十四製作所）は入っていない。

　戦略爆撃団は爆撃目標の中で「京都」をどのようにとらえていた
のであろうか。太平洋戦争の航空目標に関するアメリカ陸軍航空隊
（ＵＳＡＦ）の戦略目標文書は、４４年５月１日、４４年７月の文書
に始まり、４４年９月２２日作成の「AIR　OBJECTIVE
HOLDER」（航空目標フォルダー）によって全体的にまとめられ
た。

　これらの目標は、すぐに攻撃を行うということではない。航空機
産業をはじめ各種重要産業の関係工場、施設に番号を付して、さら
に正確な位置や建物配置、施設概要、地図、航空写真など多くの資
料を分析して具体的攻撃対象を確定し、攻撃は優先度により具体化
するのである。

　京都関係分では当初、５か所の攻撃対象が挙げられ、後に宇治市
大久保の日本国際航空工業、桂の京都発動機製作所（三菱・第八製
作所）、志津川発電所（宇治市）が追加されていくが、これらは詳細
分析が行われ、攻撃対象として確定はされたが、実際の攻撃命令は
なかったということである。

「日本の主な目標」（Key to Japanese Objectives）（４４年５月１日）

　「京都　地図番号２２　フォルダー番号９０.２３

北緯３４度５８分　東経１３５度４５分（＊南区上鳥羽付近）

京都府と京都市は同名であり、前の首都。機械、科学機械、電池、織物、缶詰製造、化学、鉄道網の中心、飛行訓練学校。

（＊９０.２３の中で京都市近郊の主なもの）

彦根　　大津から北東２９マイル　アスベスト、セメント、織物

石山　　大津から南東２マイル　織物　？化学

堅田　　大津から北北東７マイル　人造絹糸

河瀬　　彦根から南南西４マイル　？機械

草津　　大津から東５マイル　？水上飛行機基地　カンバス布工場

米原　　彦根から北北東４マイル　鉄道ジャンクション

三雲　　大津から東南東１３マイル　？化学

大久保　京都から南７マイル　陸軍飛行訓練学校

大溝　　彦根から　西北西１３マイル　レーヨン工場

大津　　琵琶湖の南端　海軍航空基地　蒸気発電所

坂本　　大津から北４マイル　海軍飛行訓練場

瀬田　　大津の南東外れ　鉄道橋

新神足　京都から南西６マイル　機械

宇治　　京都から南南東６マイル　爆薬、織物

八幡　　京都から南南西９マイル　電線他

八日市　彦根から南西１２マイル　大型の陸軍飛行場と訓練センター」

「主要地名と航空目標索引
（Key Place Names and Air Objectives　Index）」（44年7月）

「京都の位置は、北緯34度58分　東経135度45分（＊南区上鳥羽付近）

目標フォルダー番号90．23の重要目標

鉄道駅、ジャンクション、構内敷地

松下電機工場（＊以降、戦後の米軍調査まで京都では出てこない）
　京都は、人口１００万を超える大都市ではあるが、文化的中心地であり、大きな産業や電気機器、設備の２次的製品供給の産業もない。鉄道駅は、重要鉄道路線のハブである。
　（＊目標に付している番号は目標番号、位置表示は単位記号で簡略化する）
　　1155　宇治水力発電所　34°53′N　135°49′E
　　1156　志津川水力発電所　34°52′N　135°50′E
　　1159　京都駅、ジャンクション、構内敷地　34°59′N　135°46′E
　　　　　（＊南区　東海道線と奈良線の分岐付近）
　　1160　米原鉄道ジャンクション　35°19′N　36°18′E
　　1167　日本国際航空工業　34°57′N　135°46′E　」
　　　　　この段階では、日本国際航空工業の場所は伏見と表示されている。
「Key to Japanese Objectives」の追加文書（４４年９月２日９０．２３関係）
　木津　京都から南１７マイル　変電所
　膳所　大津から南東１マイル　絹織物工場

「航空目標フォルダー（AIR　OBJECTIVE　HOLDER)」（４４年９月２２日）

　このフォルダーは、英国陸軍からの情報も含めて目標全体をフォルダー形式にまとめたもので、不時着時等おいて日本側に資料が渡るのを防止するため、出撃時には携行禁止とされた重要文書である。
　「４４年航空地図」の都市の索引では、京都の市街地の位置として２か所を設定している。市街地の位置は、北緯３５度０１分　東経１３５度４５分（＊上京区猪熊通丸太町。西陣空襲地の南東）と北

緯３５度００分　東経１３５度４６分（＊下京区寺町通仏光寺。馬町空襲地の北西１.４ｋｍ、西陣空襲地の南東３ｋｍ）の２か所である。

　なぜ京都の市街地に２か所を設定しなければならなかったのだろうか。京都府庁と京都市役所の近隣の緯度・経度を分単位で表示しているのかとも思われるが、その場合でも市役所は東経１３５度４６分の寺町通はぴたりと一致しているが、緯度は３５度００分よりも３５度０１分の方が近いはずである。大阪では市街地と大阪港の２か所、大津では市街地と大津飛行場の２か所、東京では市街地１、飛行場１と東京港４の６か所で、目標の機能・性格によって設定されている。

　アメリカ海軍（水路部）が４５年３月に作成した日本地図の索引には、京都の位置として北緯３５度００分、東経１３５度４６分（寺町通仏光寺）と北緯３５度０２分　東経１３５度４５分（寺之内通堀川）の２か所が索引に挙げられている。（GAZETTEER（NO.14）HYDROGRAPHIC OFFICE U.S.NAVY DEPARTMENT）

　海軍の機動部隊の空母艦載機は、４５年７月に日本国際航空工業（大久保）、舞鶴軍港、峰山飛行場などを攻撃している。

【空襲に備え東西の建物疎開させた京都府庁（左下）と京都御苑（右）】

（米軍撮影USA-R275-A- 7 -82　1946年10月 2 日　国土地理院）

　米軍が撮影。中央の南北は烏丸通、上の東西は今出川通、下は丸
太町通。

　右側は、京都御苑で上部に京都御所。左側の下部に京都府庁、東
西の隣接部分に建物疎開跡が見える。

空域の分割―京都は９０.２３

　このフォルダーは、太平洋戦争における作戦空域を１２のエリアに分割して日本本土を９０とし、日本本土の中では緯度・経度によって、１７－東京、２０－名古屋、２２－舞鶴、２３－京都、２５－大阪など３９のエリアに分割している。

　京都は、フォルダーNO.「９０.２３」で、地理的には、概ね北は北緯３５度２０分（福知山市付近）、南は３４度５０分（城陽市付近）、東は東経１３６度３０分（三重県亀山市付近）、西は１３４度３０分（兵庫県たつの市付近）で囲まれた東西横長のエリアである。

　（国立国会図書USSBS Entry48：Air Objective Folder KYOTO REGION）（＊青色加色）

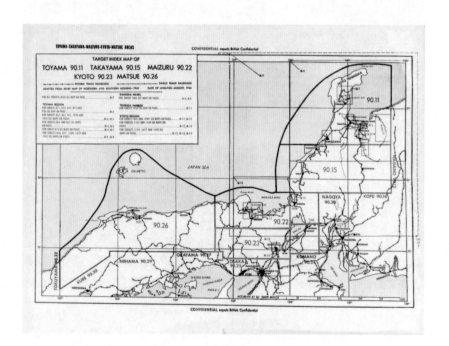

京都エリアの5目標

　この44年9月22日時点での「航空目標フォルダー」の京都エリアには5目標がリスト・アップされ、日本が作成した京都の市街地地図が添付されており、主要地名や攻撃目標などは英語表記に修正して記載されている。（＊目標に付している番号は目標番号）

1155　宇治水力発電所（電力関係）

1159　梅小路鉄道貨物操車場・機関車庫（運輸関係）（＊下京区梅小路）

1169　宇治火薬製造所（化学関係）（＊宇治市黄檗）
　　　国内第10位の軍用火薬製造工場として年産
　　　7,400トン（「JAPANESE　PRODUCTION
　　　MILITARY
　　　EXPLOSIVES」（日本の軍用火薬製造）43年）

1677　日本電池・第1工場（電気関係）
　　　（＊南区吉祥院観音堂町付近）

1678　日本電池・第2工場（電気関係）
　　　（＊南区上鳥羽北塔ノ森町付近）

　梅小路（1159）の位置について、航空写真の中の1枚だけはその補足文に京都駅西1マイルと正しく記述しているが、その他の文章・写真には、京都駅東1マイルと記述し、東西方向が正反対になっている。京都駅を起点にした場合、西1マイルは梅小路、東1マイルは東山トンネル入り口付近で馬町南700mになる。

　位置情報の緯度、経度の表示は度、分単位で表示されており、1分以下を四捨五入した場合、京都付近の0.5分の差は、緯度で925m、経度で760mの位置の差が生じる。

目標の分析

　「京都は神戸・大阪の大産業地域の２０マイル北東に位置する。鉄道路線の接続点の要の一つであり、下関と結ぶ山陰線単線と大阪・名古屋とを結ぶ東海道本線・複線の接続点である。人口１１３万４千人、１８６８年までは旧首都であり、上空からは中心地の北に矩形に囲まれた京都御苑が明確に見える。鴨川が北から南へ流れ御所の東方４分の１マイルで高野川とＹの形を作っている。

　戦前は織物、染色の中心地であり、これまで工業上の重要性はなかったが、ここ数年、産業が集積した大阪から東海道本線に沿って京都方面の北へ伸びてきており、小型電機設備や機械用具工業の中心になってきている」

　資料の中では、社名・住所などの一部に漢字が異なっているもの、行政区再編等により変更されているものがある。フォルダー編集後も新たな情報によって追加・修正されていくのであるが、ここでは時系列によって、その後の情報の変更や日本軍ＰＯＷ（＊Prisoner of War　戦時捕虜）情報、入手した文書　ＣａｐＤｏｃ（Captured Document）、装備・機器などからの情報を目標ごとに参考に記しておく。

　ＣａｐＤｏｃは、連合国軍が捕獲した日本側の書類・文書・写真類などの記録文書で、情報部は、ＰＯＷの尋問内容と同様に収集した情報が正しいのかどうか、その精度を様々な方法で確認している。

航空機関係・機械関係
１　日本国際航空工業（１１６３〜８、１１７０、１１５５）の
　　４工場が京都南にあり、規模は不明であるが、機体やプロペ
　　ラを製造していると考えられる。
　　ＰＯＷ情報（４４年１０月１９日）
　　１９１２（大１）年京都に生まれ育ち、４４年４月に日本を

出たＰＯＷ。フォルダーにある日本国際航空工業は大久保に
あり、建物の骨組みはのこぎり歯状になっている。

2　島津製作所　精密機械、航空機部品、科学・医学用器械、電
気炉、Ｘ線器械の製造など、京都中心部西方に３工場
ＰＯＷ情報（４４年１０月１９日）
Shimado　Seisakusho の大きな工場ではＸ線機器が製造
されている。この工場の名前はShimazu Seisakusho であ
り、中京区西大路三条にある。建物の骨組みはタイル状で、
機関銃、手榴弾、弾丸発射機やその他の兵器を製造している。
工場は７ｆｔ．の高いコンクリート塀で囲まれており、京都
駅からトラックで１０分である。
（＊島津製作所は、自社の英語表記はShimadzu Seisakusho
とされている）
3　寿重工業　銑鉄、特殊鋼、自動織機の製造など４工場
4　日本電池（１６７７、１６７８）
日本最大の電池製造所で、潜水艦用などあらゆるタイプの電
池や整流器、電極、短波無線機などの特別な電気部品を製造
している。６工場のうち２大工場を目標設定。
１６７７は、京都南の埋立地。
１６７８は、京都駅南方２分の１マイル
ＰＯＷ情報（１９４４年１１月２０日）
日本電池は各種の電池を製造しているが、主なものは潜水艦
用である。フォルダー３０ページにある３６番の写真の会社
の位置は間違っている。この会社は川の反対側にある。
（＊フォルダーの地図と航空写真では鴨川（二条付近）の東側
にあるものを目標設定している。）
３０ページ３６番の写真。１９３１年以前に撮影したもので、

機密保持は英国情報も米国と同じであると記載され、英国の
資料であることを示唆している。下段の橋は三条大橋と三条
京阪。
　２枚目の写真は京都駅と日本電池第２工場付近

〔フォルダー　３０ページ３６番の写真　鴨川の二条付近
（撮影日不明）
（国立国会図書館USSBS Entry48：Air Objective Folder KYOTO
REGION）〕

〔京都駅と日本電池
(国立国会図書館USSBS Entry48：Air Objective Folder KYOTO REGION)〕

DESCRIPTION OF TARGETS — AREAS NOS. 90.11, 15, 22, 23, 26 TARGETS 1159, 1677, 1678 (KYOTO REGION)

CONFIDENTIAL equals British Confidential

PHOTO 35—Kyoto. Main RR Station (not listed as a target).

LOOKING N   DATE UNKNOWN

TARGET
90.23—

1677 NIPPON ELECTRIC BATTERY CO, PLANT No. 1
KYOTO
(ELECTRICAL EQUIPMENT)

34° 58′ N 135° 44′ E (Approx)—One of two larger plants of largest storage battery manufacturer. Produces all types including submarine batteries, glider mercury commutators, short wave radio telephone apparatus, rectifiers and electrodes. Located on reclaimed land S of Kyoto.
(See maps on pages M-12, M-13 and M-14.)

TARGET
90.23—

1678 NIPPON ELECTRIC BATTERY CO, PLANT No. 2
KYOTO
(ELECTRICAL EQUIPMENT)

34° 58′ N 135° 45′ E (Approx)—Second of two larger plants of largest storage battery manufacturer. Produces all types including submarine batteries, glider mercury commutators, short wave radio telephone apparatus, rectifiers and electrodes. Located ½ mi S of Kyoto Station.
(See maps on pages M-12, M-13 and M-14.)

TARGET
90.23—

1159 UMEKOJI FREIGHT YARDS
KYOTO
(TRANSPORTATION)

34° 59′ N 135° 45′ E (Approx)—Extensive classification yards at junction of Tokaido Mainline and San-in N coast line. Locomotive shed. Main Kyoto passenger station a mi E.
(See maps on pages M-12, M-13 and M-14.)

CONFIDENTIAL equals British Confidential

29   AREAS NOS. 90.11, 15, 22, 23, 26 TARGETS 1159, 1677, 1678 (KYOTO REGION)

5　日新電機製作所　２工場　電気スイッチや航空機用の計測機器、可変抵抗器、記録装置、気圧・温度計の製造

6　松風産業　日本第３の点火プラグ製造

7　高田アルミニウム製作所　伏見工場　航空機燃料タンクなどのアルミ製品の製造

化学関係

宇治火薬製造所（1169）

高爆薬と弾丸発射火薬の両方を製造しており、規模に関する正確な情報はないが、重要な製造所と考えられる。

POW情報（４４年１１月２０日）

・東京第二陸軍造兵廠宇治製造所は、１９２８年に第１７師団の廃止に伴って宇治に設立され、４，０００人が働いている。

・重要な国の工場であり、市民は工場の中はもちろん周辺に近づくことも許されない。

・（POWの情報から）製造所の位置が確認できた。工場は倉庫と２つのセクションからなっており、うまくカモフラージュされている。（＊アメリカは、既に入手文書から東京第二陸軍造兵廠には宇治、香里など全国に１０か所の工場があり、その規模、生産量を把握していた）

（上）宇治の日本レーヨン工場（１９３３年撮影）

（下）宇治火薬製造工場は地図だけであるが、目標番号１１６９、高爆発薬と弾丸発射火薬の両方を製造する大工場であると記載している。写真は後ページで別途紹介する。

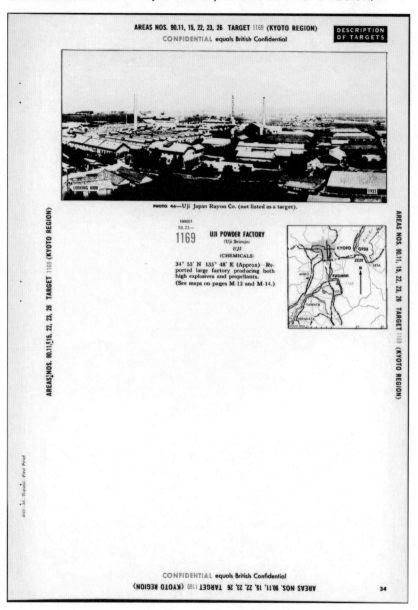

電力関係

宇治水力発電所（1155）

京都付近にある最も古い部類の大規模設備であり、琵琶湖の4マイル下流から南西へ6マイルのトンネルで送水され、発電量は36.000kw。

直接攻撃によって2次的に他への打撃を与えることができる大きな目標である。

【宇治水力発電所】

上は1913年、下は1929年の撮影。

（国立国会図書館　USSBS Entry48：Air Objective Folder KYOTO REGION）

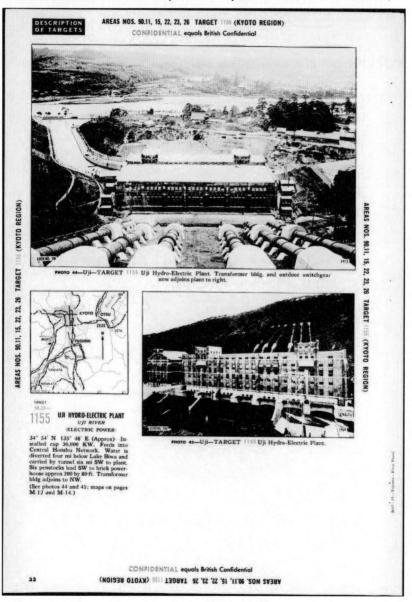

運輸関係

梅小路鉄道貨物操車場・機関車庫（1159）

東海道本線、山陰線の鉄道の合流点である。東１マイルに京都駅

地図に表示されている工場など

　時点は少し前後するが、1922、32年の日本の地図を使って44年
８月に作成された京都関係の工場などの位置図の内容である。

1　京都織物会社（北区紫野）

　（＊京都府発行の「府政だより」（資料版№200）には、京都
織物会社は左京区の京大東南アジア研究所の場所にあり、44
年（昭19）６月から精華高等女学校生の勤労動員によりパラ
シュート・軍服製造をしていたとある）

2　日本電池会社（上京区新町今出川、左京区川端二条、右京区
西京極、南区京都駅南、南区吉祥院）

3　寿重工業会社　（第１工場　上京区千本今出川、第２工場
西大路八条、第３工場、第４工場　南区京都駅南）、42年、
京都で最大の重工業であり、13の平屋建て建物で800人の従
業員がタンク部品を製造している。

　ＰＯＷ情報（４４年１１月２１日）

　工場で長さ７ｍ、直径０.５ｍの魚雷ケースと思われるものを
見た。

4　鐘紡工場（左京区高野、川端近衛、京都駅南）

　＊鐘紡京都工場（左京区）は日本国際航空工業（大久保）の
分工場として航空機部品生産に転換され、分散していた工場
も軍需工場に転換された。

5　蹴上発電所（左京区蹴上）

6　京都駅（下京区）

7　島津製作所（右京区西大路御池、西大路三条、山ノ内）

8　ＴＳＵＣＨＩ（＊辻）紡績工場（中京区千本四条）

9　京都ガス会社（下京区千本五条）

10　日新電機会社（右京区梅津）

11　東洋紡績会社（山科区西野）

12　寺内エンジン工場（伏見区板橋）

13　陸軍第16師団（伏見区藤森、桃山）

14　高田アルミニウム工場（伏見区中書島）

15　京都電機光会社（伏見区中書島）

16　横大路発電所（伏見区中書島）

17　日本国際航空工業会社（伏見区淀、宇治市）

【鐘紡と寿重工業】

　上は市内を北東から撮影した。左京区高野の鐘紡工場にマークが入っている。右手前の円形は比叡山山頂、流れは高野川（1929年撮影）

　下段の2枚は、「攻撃リストには挙げていないが寿重工業の第1、第3工場の画家によるスケッチで、背景は不確か、日時不明」と記載している。

　（国立国会図書館USSBS Entry48：Air Objective Folder KYOTO REGION）

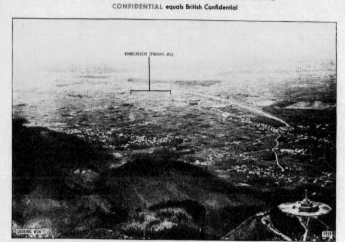

PHOTO 38—Kyoto.

PHOTO 39—Kyoto—Kotobuki Heavy Industry Co. Plant No. 1 (not listed as a target). Artist's sketch, background unreliable.

PHOTO 40—Kyoto—Kotobuki Heavy Industry Co. Plant No. 3 (not listed as a target). Artist's sketch, background unreliable.

空襲目標情報（Roll 3　Target 2　Kinki No.1　Hyogo Nara Kyoto Kobe）

　それぞれの情報の時点は記載されておらず、ここでは大まかな住所の表示にとどめている。原文は京都の難しい通り名、町名をかなり正確に読み込んでいるが、京都独自の読み方である通り名の「上る」、「下る」を「のぼる」、「くだる」と読んでいる。

（軍関係）

　　・師団司令部（（1169（目標番号）京都市）　CapDoc（捕獲資料）
　　・歩兵連隊　CapDoc
　　・陸軍病院（京都市）　CapDoc
　　・高射砲台（6基）　宇治火薬製造所（1169）の西（34°55′ N、135°48′ E）
　　・戦時捕虜収容所　POW京都陸軍捕虜収容所（伏見区）CapDoc
　　（＊この情報の内容は、誤りではないかと思われる）

石油産業

　　・普通石油保管施設

鉄鋼産業

　　・長谷川鉄工所（下京区西山町）
　　・寺内鉄工所（伏見区池田町）
　　・島津鉄工所（京都市）

航空機関連産業

　　・日本国際航空工業（大久保）
　　・日本国際航空工業（左京区東竹屋町　＊鐘紡工場）　航空機部品
　　・ＮＩＣＨＩＩ航空機（京都市）航空機エンジン
　　・日本電池ＫＫ（京都市7工場　①上京区小川通上立売下る

②上京区小川通上立売下る北　③上京区新町通今出川上る
④上京区下之森通下立売上る　⑤下京区吉祥院西ノ庄　⑥下
京区吉祥院西九条猪ノ馬場町（＊西九条は西ノ庄の誤りか）
⑦下京区西九条南田町）
- 日本電気計器ＫＫ　（左京区夷川通川端東）
- 日本国際航空工業（久世郡大久保村）
- 日新電機ＫＫ（２工場　右京区梅津）
- 島津製作所（４工場　①中京区　②中京区西ノ京　③中京区
  三条通西大路　④右京区山之内
- 品川製作所　（下京区中堂寺）
- 高田アルミニウム製作所　（伏見区葭島矢倉町）
- 寺内製作所　（右京区太秦、伏見区深草）
- 山本航空計器　（京都府）
- 島津鉛粉塵工場（西、三条）

織物、衣料縫製、紙、パルプ産業
- 高島ハンダＫＫ（西陣）　航空機用クロス、安全ベルト、レン
  ズ、光学機械
- 京都西陣織物工場（西陣）

武器・弾薬等軍事品
- ＰＯＷからの情報聴取
（電気設備産業）
　＊日本電池、日本電気計器、日新電機、島津製作所を概ね再掲
化学関係
- 松谷染工合名会社　（中京区西ノ京）　ＣａｐＤｏｃ
運輸
- 桂川鉄橋

・東山・逢坂間に新トンネル完成。２線から３線に拡大。
　POW情報（４４年１１月３０日）

特定航空機工場に関するアンケート（「Specific　Aircraft
Plant Questionnaire」４５年１月１３日）
　アンケートは、任務終了・帰隊後の乗員に対して情報部が行うヒ
ヤリング調査である。調査報告の中の航空機製造工場に関する京都
関係分、
　「目標番号１１６７　日本国際航空工業の大久保工場は確かに存在
し、位置は間違いない。１９４１年に建設が始まった新たな工場で
ある。前は巨椋池で、今は干上がっている地点の南にあり、西側の
飛行場と繋がっている」
　４４年９月２２日の航空目標フォルダーは、日本が２２年、３２
年に作成した地図を利用しているため、周囲約１６ｋｍ、水域面積
約８㎢の巨椋池の水面が存在していることになっており、目視やレ
ーダーで捕捉しやすいため、アメリカは目標誘導の基点として図上
で使っていた。地図上にある巨椋池は、存在しないことが確認され、
ＩＰとしては使えないことが明確になったといえる。（巨椋池干拓
（排水）事業　（１９３３年～１９４１年）

　この資料には、三菱重工関係の本土内の航空機製造工場７か所が
記載されているが、京都桂の京都発動機製作所（三菱・第八製作所）
太秦の京都機器製作所（三菱・第十四製作所）の二つは、まだ登場
していない。

　航空目標システムフォルダー　航空機関係　ワシントン合同目標
グループ　４５年１月１５日
　（Air Target System Folder Japanese Aircraft Joint

Target Group Washington D,C）
　日本国際航空工業（大久保）の建物・施設４か所を目標設定

　「太平洋艦隊・太平洋地域　航空情報要点　名古屋―大阪・神戸」
45年１月15日（UNIED STATETS PACIFIC FLEET AND OCEAN AREAS AIR INFORMATION SUMMERY NAGOYA AND OSAKA-KOBE）
　この中で、「大阪周辺の10飛行場の中で、小倉飛行場（３４°53
′Ｎ　１３５°４５′Ｅ）は、重爆撃機の離発着のできる飛行場として
位置づけており、いまだ建設中である日本国際航空工業の４つの工
場の一つに近隣しており、飛行場に見える双発の機体などから試験
場かもしれない。写真は、ＡＯＦ（＊航空目標フォルダー）９０.
２３の１１６９宇治火薬製造所のスケッチ（※99ページ）を参照」
としている。

　〇45年２月３日
（「太平洋艦隊・太平洋地域　航空情報要点」）
　小倉　施設関係飛行場の南東部に航空機組み立て工場。（＊写真
はないが、Ｂ29（３ＰＲ－４Ｍ40）　44年12月15日写真参
照の記述）

　〇45年３月
「合同目標グループ・ワシントン　地図・早見表（45年３月）」
の京都関係分は、梅小路、日本電池第１、第２、宇治火薬製造所、
宇治川水力発電所で、日本国際航空工業（大久保）は挙がっていな
い。三菱関係で全国の20の目標が上がっているが、その中に京都
関係分はない。舞鶴海軍基地、舞鶴海軍航空基地、東レ大津工場な
どについては、「８　舞鶴空襲と大津空襲」を参照

○４５年３月１４日　資料

日本国際航空工業（大久保）の詳細分析を行っている。

　写真は４４年１２月１５日撮影（Ｂ２９（３ＰＲ－４Ｍ４０））で、排水された巨椋池の南部に工場と隣接する飛行場がみえる。左上の楕円は京都淀競馬場。

（国立国会図書館ＵＳＳＢＳ Entry46：Japanese aircraft data. Report No.14）

○４５年３月２１日　資料

1169　宇治火薬製造所の詳細分析。

写真は４４年１２月１５日撮影（Ｂ２９（３ＰＲ－４Ｍ４０））

○４５年３月２２日

「第２１爆撃大隊情報部写真情報」

（PHOTO COVERRAGE OF THE WEEK XX1 BOMBER

COMMAND AIR INTELLEGENCE REPORT）

　３月１４日　Ｂ２９（３ＰＲ－５Ｍ８１）大阪、京都、名古屋へ写真撮影に向かうも雲量１０／１０のため撮影できず。

　○４５年３月２８日「Current Air Estimate」
　Ｂ２９による爆撃推奨目標として、桂の2153　京都発動機製作所（＊三菱・第八製作所）が挙がってくる。

　○４５年４月５日　「Air Target Index Japanese War」
　1159　梅小路鉄道貨物操車場・機関車庫
　1167　日本国際航空工業（大久保）
　1169　宇治火薬製造所　（写真付き、巨椋池はなく農地に）
　1155　宇治水力発電所
　＊日本電池なし
　産業集積市街地目標　浜松、長崎、名古屋、大阪ー神戸、佐世保、清水、静岡、東京、八幡が列挙されるも京都はない。

　○45年４月５日
　「合同目標グループ・ワシントン目標情報」（JOINT TARGET GROUP ,WASHINGTON、D.C　TARGET　INFORMATION SHEET）
　1167　日本国際航空工業（大久保）が航空機産業部門に写真入りで、詳細説明
　2153　京都発動機製作所（＊桂　三菱・第八製作所）東海道本線西側。説明はないが写真付きであり。

　○45年４月12日
　「第21爆撃大隊情報部写真情報」

４月２日　Ｂ２９（３PR-５M115）撮影　舞鶴、大阪、岡山を写真撮影。写真は優秀。
＊このとき京都市内についても北西から南東に飛行し撮影。

○４５年４月１４日
1167　日本国際航空工業（大久保）が新規目標として、シートが作成される。（合同目標グループ・ワシントン）

○４５年４月　第２１爆撃大隊作成の京都市市街地の爆撃目標地図に４か所の目標が記載され、島津製作所が上がってくる。
1159　梅小路操車場
1677　日本電池第１工場（＊吉祥院）
1678　日本電池第２工場（＊上鳥羽）
6139　島津製作所　（＊西大路三条）

○４５年５月２８日
1169　宇治火薬製造所の建物詳細分析。写真は４４年１２月１５日撮影（Ｂ２９（３PR－４M40））

○４５年６月１２日
2153　京都発動機製作所（桂　三菱・第八製作所）の詳細分析。写真は45年４月13日　Ｂ２９（３PR－５M139）が北東から南西に飛行し撮影。22日　Ｂ２９（３PR－５M156）撮影

○４５年６月２０日
「航空目標索引」（「Air Target Index- Japanese War」JOINT TARGET GROUP,WASHINGTON,D.C. entry47 Target in Honshu Report No１-a（７））

志津川発電所、日本国際航空工業（大久保）、京都発動機製作所（桂　三菱・第八製作所）の３か所が新たにリスト・アップされ、京都の目標は５プラス３の８か所になる。

　　1155　宇治水力発電所
　　　　　宇治川、巨椋池から１マイル東
　　1156　志津川発電所　宇治川
　　1159　梅小路鉄道貨物操車場・機関車庫
　　　　　京都駅から東１マイル（＊方向が逆）
　　1167　日本国際航空工業（大久保）
　　　　　１９４４年１２月１５日撮影航空写真添付
　　1169　宇治火薬製造所
　　1677　日本電池・第１工場
　　　　　京都駅南西１．５マイル（＊南区吉祥院）
　　1678　日本電池・第２工場
　　　　　京都駅南０．５マイル（＊南区上鳥羽）
　　2153　京都発動機製作所（＊桂　三菱・第八製作所）
　　　　　京都駅南西３マイル

　戦後、ＧＨＱは、国からの情報をもとに京都府下の６０企業・工場の調査を行っている。

　多くの工場や施設に目標番号が設定されたが、直ちに攻撃を開始するというものではない。実際の爆撃に当たっては、優先度に従ってさらに詳細な情報収集・分析が行われる。これらが今も実際に存在するのか、正確な位置、標高、敷地の大きさ、工場建物の配置、建物の大きさ規模、構造、用途などが航空写真や乗員の目視によって正確に特定され、極めて精緻な分析を行っていたのである。そして攻撃に適した爆弾の種類や大きさ、ヒューズの設定時間などが決定されていくのである。

京都の航空機産業

　京都における航空機産業・製造に関して、三菱関係と日本国際航空工業について、重複するが流れを見ておきたい。

　（三菱関係）

　三菱重工・名古屋発動機製作所の分散化を図るため、４４年１月に右京区・太秦に京都機器製作所（第十四製作所）を、７月に西京区（当時は右京区）・桂に京都発動機製作所（第八製作所）を完成させた。

　４４年９月２２日の米軍資料ＡＯＦでは、本土内７か所の三菱の航空機関係工場がリスト・アップされているが、京都の京都機器製作所（太秦）、京都発動機製作所（桂）は、いずれも記載されていない。

　４５年１月１３日の特定航空機工場アンケートにおいても日本国際航空工業（大久保）は確認されたが、三菱関係の京都機器製作所（太秦）、京都発動機製作所（桂）は把握していない。

　４５年３月２８日「Current Air Estimate 」に爆撃推奨目標として、京都発動機製作所（桂）が登場してくる。

　４５年４月５日「合同目標グループ・ワシントン目標情報」に日本国際航空工業（大久保）は、写真入りで詳細に分析・説明されているが、京都発動機製作所（桂）は東海道本線西側の写真だけが掲載され、説明は全くない。

　この段階で、４月１６日、京都機器製作所（太秦）の攻撃があった。

　４５年６月１６日　京都発動機製作所（桂）が、４月１３日撮影の航空写真を使って詳細分析が行われ、攻撃目標として浮かび上がってきた。

４５年６月２０日

「航空目標索引」において、当初の５目標に志津川発電所（宇治川）、日本国際航空工業（大久保）とともに京都発動機製作所（桂）が新たにリスト・アップされたが、京都機器製作所（太秦）は、最後まで出てこないのである。

（日本国際航空工業）

　４１年１２月に巨椋池干拓地の京都飛行場に隣接した宇治市大久保（当時は久世郡大久保村）に日本国際航空工業の工場・施設を建設した。

　４４年９月２２日の「航空目標フォルダー」に５つの目標がリスト・アップされたが、「日本国際航空工業の４工場が京都南にあり、規模は不明であるが、機体やプロペラを製造していると考えられる」としているが、リスト・アップはされていない。

　日本国際航空工業が地図に図示され、鐘紡工場が航空機関係製造に関係していることをアメリカは把握していた。

　日本国際航空工業（大久保）

　日本国際航空工業（左京区東竹屋町）航空機部品

　４５年１月１３日

　特定航空機工場アンケートにおいて、「日本国際航空工業の大久保工場は確かに存在し、位置は間違いない。１９４１年に建設が始まった新たな工場である。前は巨椋池で、今は干上がっている地点の南にあり、西側の飛行場と繋がっている」と報告している。

　４５年１月１５日

「太平洋艦隊・太平洋地域　航空情報要点」において、「大阪周辺の１０飛行場の中で、小倉飛行場は重爆撃機の離発着のできる飛行

場として位置づけており、いまだ建設中である日本国際航空工業
（大久保）の４工場の一つに近隣しており、飛行場に見える双発の機
体などから試験場かもしれない。日本国際航空工業のこれらの工場
には、ＡＯＦ攻撃ナンバーは付けられていないが、ＡＯＦ．９０．
２３の１１６９　宇治火薬製造所のスケッチを参照」　としている。

　４５年２月３日
「太平洋艦隊・太平洋地域　航空情報要点」
　施設関係飛行場（小倉）の南東部に航空機組み立て工場。（写真
はないが、３ＰＲ－４Ｍ４０（＊写真偵察）－３Ｒ－２１ＢＣ　１
９４４年１２月１５日参照の記述）

　４５年２月５日
「合同目標グループ・ワシントン　航空目標フォルダー地図」
　日本国際航空工業（大久保）が、地図に挙がっている。

　４５年３月１４日
　日本国際航空工業（大久保）の詳細分析と航空写真（４４年１２
月１５日撮影）

　４５年４月５日
「合同目標グループ・ワシントン目標情報」
　日本国際航空工業（大久保）が航空機産業部門に写真入りで詳細
説明。

　○４５年４月１４日
　１１６７　日本国際航空工業（大久保）が新規目標として、シー
トが作成される。（合同目標グループ・ワシントン）

４５年６月２０日

「航空目標索引」において、当初の５目標に志津川発電所、京都発動機製作所（桂）とともに日本国際航空工業（大久保）の３か所が新たにリスト・アップされる。

日本本土への爆弾投下は、通常、第２１爆撃大隊が行うが、４５年７月の日本国際航空工業（大久保）への爆弾投下は米海軍第３艦隊・第３８機動部隊の艦載機が行ったもので（陸海軍合同海軍報告）、同工場へは海軍が数度の攻撃を行っており、亡くなられた方もある。

４５年１０月１９日（戦後調査）

航空目標状況メモＮｏ．５　京都エリア（AIR　TARGET STATUS　MEMORANDUM　NO　5 KYOTO AREA 19 October 1945）

戦後の米軍調査で、日本国際航空工業（大久保）（90.23-1167）の工場は京都（34.53N　135.46E）と分工場が園部（35.08N 135.29E　＊元　郡是工場＊グンゼ）に存在していたとしている。

馬町・西陣に近接する目標は

京都における戦略爆撃の目標を詳細に見てきたが、アメリカは、４１年１２月の日本の真珠湾攻撃の２年後、終戦の２年前の４３年１１月には日本本土進攻を見すえて「対日戦略目標分析」をまとめた。そして、Ｂ２９のサイパンへの実戦配備の直前の４４年９月には「航空目標フォルダー」をまとめて、１１月から航空機製造工場を中心とした戦略爆撃を開始したのである。

馬町空襲の４５年１月１６日の時点では、京都エリアに市域外も含めて５か所の目標が設定されていた。すなわち、宇治水力発電所、

梅小路鉄道貨物操車場・機関車庫、宇治火薬製造所、日本電池・第１工場、日本電池・第２工場がリスト・アップされていたが、他の大都市の航空機産業・軍需工場への攻撃が優先で、京都エリアに対する攻撃予定はなかった。４月１６日の太秦の時点も同様である。

西陣空襲の６月２６日の時点では、それらの５か所に加えて日本国際航空工業（大久保）、京都発動機製作所（桂　三菱・第八製作所）、志津川発電所の３か所が追加リスト・アップされていたが、まだ攻撃の命令はなかった。

他都市のほとんどが戦略爆撃によって壊滅的打撃を受けており、それらに対してさらに継続して戦略爆撃を行う意味はなく、残された京都が戦略爆撃の目標として大規模空襲の対象となるのは時間の問題であったと言えるだろう。

日本国際航空工業（大久保）は４４年９月の「航空目標フォルダー」の段階で捕捉されていたが、４５年１月にその存在が乗員によって確認されて、４月にシートを作成して分析がされ、６月にリスト・アップされた。そして、７月に空母艦載機の攻撃を受け、戦後に実地調査が行われた。

三菱関係の桂の京都発動機製作所（三菱　第八製作所）は、４５年３月に初めて爆撃推奨目標として登場し、６月に分析が行われ、リスト・アップされた。

島津製作所（三条西大路）は、４５年４月に作成された航空地図には表示されているが、詳細分析・リスト・アップはされていない。太秦の京都機器製作所（三菱　第十四製作所）は、終始、全く登場せず、その存在が把握されていなかった可能性が高い。

4　馬町空襲　－京都の最初の空襲－

　１９４５年（昭２０）１月１６日（火）の深夜であった。太平洋戦争の終戦の年である。当日朝の最低気温は氷点下６.４度、翌朝は氷点下７.０度まで下がり、寒さと静寂さらには灯火管制による暗闇につつまれた午後１１時２０分、東山山麓の馬町の住宅地で突如２０発の爆弾が炸裂した。空襲警報や警戒警報はなく、炸裂と轟音、火災で現場一帯は大混乱になり、住宅、学生寮、小学校、幼稚園などの建物を破壊し、子どもを含む多くの死傷者を出す大惨事となった。京都における最初の空襲であった。テニアン島から８８８８の気象観測・爆撃任務のため、京都へ単機で飛来したＢ２９（ＷＳＭ１１６）が、午後１１時１９分に通常爆弾２０発を投下したのであった。

　京都タワーから眺める５月、新録の東山五条付近である（１２１ページの写真）。中央の山裾が清水寺で、朱色の山門や三重塔、本堂・舞台が見える。後方の清水山の稜線の向う側（馬町から１.５ｋm）に京都大学花山天文台があり、尾根の向うは山科区で、７６年に東山区から分区された。

　手前には大谷本廟、通妙寺などのお寺と墓苑が広がっており、清水焼の中心地であった五条坂、山科へつながる五条通の高架が見える。さらに手前の緑は、豊臣家の栄華滅亡を伝える豊国神社、方広寺、耳塚である。

　右手前のレンガ造りの近代建築は国立京都博物館、真後ろの３階建ての白いビルは、今は博物館の付属建物になっている旧東山区役所である。その後ろの緑は妙法院、そして京都女子学園の大学や小中高校のキャンパスの学舎が立ち並んでいる。

　五条通に南側に平行して渋谷通（街道）があり、東大路通から山手に入ったところに馬町がある。正式には上馬町と下馬町の二つか

らなるが、東山の山麓にあって、神社仏閣や学校、伝統産業を近く
にした閑静な住宅街である。この馬町で、Ｂ２９が爆弾を投下し、
京都が初めて空襲を受けるという、大きな悲劇が起こったのである。

爆撃大隊の状況

　馬町空襲のＢ２９（ＷＳＭ１１６）は、第２０空軍　第２１爆撃
大隊　第７３爆撃隊の所属であったが、第２１爆撃大隊は、前年１
１月から開始した航空機産業に対する高高度からの集中爆撃がうま
くいかず、戦果は極めて乏しく損害は重大という難しい状況にあっ
た。４５年１月頃の同機を取り巻く状況を第２０空軍の「作戦概要」
と「作戦統計概要」は、次のように記している。
　「第２１爆撃大隊が１１月から２月の間に東京、名古屋、神戸を１
００機以上で昼間爆撃を行ったとき、日本の戦闘機により１００～
６００回の迎撃を受けた。Ｂ２９の損失比率（＊出撃１００機当た

り）は、１１月４.１％、１２月４.５％、１月５.０％、２月３.４％と上昇した最悪の時期であったが、夜間爆撃に変更し、緊急着陸用に硫黄島を使用できるようになった４５年３月には、１.３％に減少した。また乗員の損失は、１１月１.８％、１２月３.２％、１月５.９％、２月３.６％、３月１.０％であった。」（第２０空軍作戦概要Summary of Twentieth Air Force Operations）

　このように４５年１月は、Ｂ２９の機体、乗員ともに大きな損失を出した時期であるが、４４年１０月から１２月までに８回、延べ２２３機を防空能力が比較的弱いとされたトラック島と硫黄島へ出撃させた時には、損害はＢ２９、乗員ともになかった。だが、本土攻撃に入るとその様相は全く違っていた。第２１爆撃大隊の乗員の損失を示した第２０空軍作戦統計概要（Statistic Summary of Operations against Japan）では、

　「１１月は、武蔵野、東京ドックへ３回・２２１機の出撃で３４人の損失、１２月は、武蔵野、三菱・名古屋へ５回・４１５機の出撃で１６９人の損失、４５年１月は１４日までに、名古屋、武蔵野へ３回・２４６機の出撃ですでに１５６人の損失を出した」
としている。

　これ以外に１２月には写真偵察と気象観測爆撃で、各１機の損失を出している。同じころ第２０爆撃大隊（＊中国成都を拠点）の写真偵察機が、１２月～１月に行方不明、不時着などで３機の損失を出している。

　これら出撃中の大きな損失とともに、Ｂ２９の性能上の問題として、離陸時や飛行中のエンジンの過熱による火災事故は、４４年第３四半期は８件、１２月は１４件、４５年１月は２７件と多発し、ヨーロッパ戦線で使われていたＢ１７の第３四半期２件、１２月３件、Ｂ２４が第３四半期３件、１２月４件に比べて極めて多く、深刻な問題となっていた。

原爆の開発・製造に２０億ドル、Ｂ２９の開発・製造には３０億ドルの巨額な費用を要した。４３年のテスト飛行の段階からエンジン過熱による火災や墜落事故を起こし問題となっていたが欠陥は改善されず、生産はそのまま継続されてその都度、消耗品として交換されていた。乗員にとっては、出撃の危険とともに装備に大きな不安材料を持っていたときであった。

　さらに、４４年７月、日本が空襲（中国成都から出撃した八幡空襲）で不時着したＢ２９の乗員を戦時捕虜として保護せずに一部処刑したことが公表され、乗員は真珠湾の奇襲攻撃に加え、日本に対する大きな憎悪と危惧を増幅させていくのである。

　Ｂ２９の乗員は、このような危険な状況の中で、任務遂行と無事に帰還することだけを意識しており、一刻も早く爆弾を投下して投下後は一刻も早く本土を離脱し、海上に出ることに全力を注いだのである。

軍事・軍需目標から無差別爆撃へ　－　乗員の意識

　第２１爆撃大隊の３月９日から１９日までの東京、名古屋、大阪、神戸、名古屋の５回の焼夷弾爆撃を分析した文書で、それまでの高高度・精密爆撃時の気象や焼夷弾爆撃時の乗員の意識について書かれている。（「日本の都市部に対する焼夷弾攻撃の分析」Analysis of Incendiary Phase of Operation Against Japanese Urban Areas）

　「４４年１１月２４日から４５年３月９日まで２０回以上の任務で、２，０３７機が出撃した。３回は焼夷弾だけであり、他は高爆薬と焼夷弾との組み合わせであったが、昼間の高高度からのパターン化した爆撃結果は満足できるものではなかった。その原因が、日本にとっては最大の防衛力であったともいえる天候であったことは明

らかである。

　良好な天候の時季と言われる１２月、１月、２月でさえも目視による爆撃は、１２月は４１５機中１８９機の４５％、１月は４７３機中１８０機の３８％、２月は７３４機中１３７機のわずか１９％であった。気象情報によると、これらのエリアで高高度から目視による爆撃ができたと思われるのは、各月でわずか５日間であった。このときに夜間に出撃して昼間に爆撃することは可能であったが、このためには目標付近の正確な気象状況の把握と事前予報が必要であった。しかし、日本本土の西方向と北西方向の最新の正確な気象予報情報を得ることが困難であり、気象担当は爆撃隊への正確で十分な気象情報の事前提供が大変難しかった。

　目標上空が良好な天気であったとしても、長距離の洋上飛行の結果、編隊が散らばり指定された進入陸地点を間違った機が多くある。高高度爆撃における燃料消費量から見て、航法ミスはしばしば修正できないものとなり早期の帰還やＴ.Ｏ爆撃とせざるを得なくなる。

　ナビゲーターは、気象状況によってはレーダーに頼らざるを得ないが、ＡＮ／ＡＰＱ－１３レーダーは高度によってはしばしば機能しなくなり、またスコープ上で受信反応が小さすぎて正確な位置がわからなくなる。加えて、ルート上の日本側の島々（＊硫黄島、小笠原諸島、伊豆諸島など）にはレーダー早期警戒システムがあるため、チェック・ポイントとしては使えないことであった。

　気象上の最大の困難は、高度３０,０００ｆｔ.（９,１００ｍ）で２００ノット（＊３７０ｋｍ／時、１０３ｍ／秒）以上の風に見舞われたことで、これでは機体は大きく横へ流されてコースの修正は困難である。このため爆撃時の方向は、風向に対して真っすぐの風上からか、風下からしか取れない。しかし、風上方向へ対地速度（＊地上から見た飛行機の速度）を落として飛行するのは、機体を対空砲火にさらすことになり、運まかせの極めて危険な飛行になる。

一方、風下に向かって対地速度が時速５００マイル（＊８００ｋ
ｍ／時、２２２ｍ／秒）以上になることがよくあるが、爆撃投下計
算表やコンピューターは、このようなスピードに対応できるように
は作られておらず、まして爆撃手は、このような高速飛行時におけ
る爆弾投下の訓練は受けていない。

　このように風速が速い場合、目標への最初の接近に失敗した場合、
２回目の接近ができなくなり、また航法の失敗によって目標の風下
に接近したときには、攻撃は全くできなくなる。これらの困難を克
服できないということはないが、いくつかが命中したというのは例
外である。

　２５，０００ｆｔ．以上の高高度からの精密爆撃による正確な攻撃
をしようとするのは、日本では不適当な作戦である。強風と目標上
空での視界不良、ルート上の進入地点での編隊の離散などの天候状
況は、航法を妨げ、不正確な爆撃につながり、高度な技能を持った
乗員を必要とした。」

　（＊　ここまでは、馬町空襲との関連で、以降は西陣空襲の関連で
ある）

　「今後、数か月、天候の悪化（＊梅雨や台風を想定）が予想され、
特別な訓練を受けた乗員でも高高度から目標へ命中させることは不
可能である。目視による投下がルールというのは、これからは例外
になるだろう。これまでのレーダー爆撃よりもさらに信頼できるレ
ーダー爆撃が取って代わったとしても、ＡＮ／ＡＰＱ－１３レーダ
ーは高高度において機能が不十分であり、またこのような天候時の
レーダー手の技量不足を考えると、レーダーに頼った高高度からの
精密爆撃によって、日本の内陸部をノック・アウトできるかは疑問
である」

　「夜間攻撃は、迎撃戦闘機や対空砲火に対する防御のためである。
日本側の夜間戦闘機は弱体であり、深刻な危険があるとは信じられ

なかった。対空砲による損害の方が重大と考えられ、最小限にする
必要があった。夜間攻撃によるのは、レーダー装備の対空砲は比較
的効果が少なく、重火器の対空砲はその効果的な火器管制のために
サーチライトを使わざるを得ないと考えたからである」

　「航法面からすると、夜間飛行の利点は、日本までのルート間で完
全にロラン電波が受信でき、日本への進入陸地がより正確に特定で
きたことである。これまでの昼間のロラン電波の受信が、夜間と比
較して大変、不利であったことがわかった」

　「低高度爆撃では、レーダー・スコープ上で鮮明な反応が得られ
た。ＡＮ／ＡＰＱ－１３レーダーは、しばしば高高度で全く反応せ
ず、反射波が弱く目標を特定できなかった。焼夷弾攻撃に出撃した
乗員は、（＊低高度を飛行しているため）レーダー・スコープ画面を
見て、地図のように鮮明に読み取ることができた最初の任務だった
と言っている」

　「（＊編隊が散らばり、僚機を見ながら飛行できない）単独の夜間
爆撃は、責任感を引き出し優秀な乗員を刺激するが、同時に一刻も
早く基地へ帰還したいという内心が生じてくる。多数の乗員が、爆
撃目標に到達する前に、目標上空への適切な爆撃コースを採らずに
帰投する。ほとんどの機が目標に到達しない「ショート（shorts）」
であり、目標上空まで到達する「オーバー（overs）」がほとんどな
いことは、名古屋、東京の爆撃後の評価写真に表れている」

　４５年３月に作成されたこの文書には、第２１爆撃大隊のルメイ
司令官の署名がされている。第２１爆撃大隊の司令官は、４５年１
月まではハーセル准将で、無差別の都市絨毯爆撃（Carpet
Bombing）を避け、軍事目標、軍需産業に目標を限定した精密爆
撃を主導したのであったが、都市絨毯爆撃を主導したルメイ少将が
第２０爆撃大隊司令官から第２１爆撃大隊司令官に着任した。秘密
裏に進められていた原爆開発やその投下を担当する第５０７混成爆

撃隊の編成などについては、ごくわずかな関係者だけの知るところ
であったが、ルメイ少将（１９６１年空軍参謀総長・大将）はその
中の一人で原爆投下の実行部隊の責任者であった。

馬町空襲の体験者談

　馬町空襲に関して調査研究された書籍文献等に記された体験者談
を見ていきたい。参考にさせていただいた書籍文献等である。
「京都空襲」（久津間保治氏）
「わが八十年の回顧」（高山義三氏）
京都新聞
朝日新聞
「女子学園五十周年小史」（京都女子学園）
「京女史口伝」（京都女子学園）
「日本史演習　坂口ゼミによる検証と考察」（京都女子大学文学部
史学科　２０１７年度）
「馬町空襲を語り継ぐ会」会報等
松原警察署の措置概要報告書

① 　３０代　男性　被弾地　警戒警報のない静かな夜で音はわか
　　らなかったが、気が付いたら玄関前に着弾していた。
② 　４０代　男性　市電運転者　東大路通　突然ドカーンという
　　ものすごい爆発音がし、運転席に土ほこりがもうもうと入っ
　　てきた。近くの京女の寄宿舎に赤い火柱が立っていた。すぐ
　　乗客を避難させ、近くの寺の石垣（＊妙法院か）で１５分も
　　じっとしていたでしょうか。
③ 　寒い夜、灯火管制の真っ暗な渋谷通　Ｂ２９　１機が西南か
　　ら飛来。

④　10代　女性　被弾地　飛行機の爆音を聞いた時、布団から抜け出して退避の用意をした。空襲警報の発令はなく、あの爆音は味方のものではないと呟いた。

⑤　16日夜の空襲で京都幼稚園も被弾した。

⑥　10代　男性　被弾地　10時半ごろ3日前の三河地震の余震の後、1機のB29飛来、投下。「キーン」という甲高い音で目を覚ました。暗闇の中で火事の明かりが浮かび上がって、ホースの水が石畳の上で凍り始めた。覚えているのはとにかく寒かったこと。

⑦　30代　女性　歩いて30分ほどの銭湯から帰る途中、突然ガタガタと揺れたが、また地震かと思ってあまり驚かなかった。家に帰るとガラス戸が割れ、商品の一升瓶が割れて散乱、天井に直径に40cmの穴が開いていた。近所の人が担架で運ばれ、サイレンの音が聞こえてきて空襲と気付いた。

⑧　学校関係者　女性　時間ははっきりしないが、かなり更けていた。米機が編隊で、南西から北東に飛行する爆音を、床の中でうつらうつらしながら聞いていたように思います。錦華寮の巡視をして何事もなかったので引き揚げた。

⑨　男性　地震の後だった。将棋を指していてガーという音がしたと思ったらガラスがバリバリと割れた。警戒警報は出ていなかった。もう西の方には火が出ていた。

⑩　7歳　男性　被弾地　底冷えの厳しい夜だった。熟睡していたところを強い音と衝撃に襲われた。

⑪　男性　中学校長（日記）　晴、寒。11時半ごろ突然ブルンブルンと異常な飛行機の唸り声が聞こえる。地響きをたてて旋回しているらしい。警報は出ていない。空を見ると星が降っている。ところがドカンドカン。ブルブルとガラス戸が振動。もう何事もなく別条もないと寝たところへ、警報が出た。　1

機三重から脱去…

⑫　１０代　男性　被弾地　警報なく、Ｂ２９エンジン音に似た
　　ものを聞いた。屋根が飛ばされ月を見た。厳寒の中、月光が
　　屋根を照らしていた。

⑬　男性　被弾地　布団の中で、今までに聞いたことのない奇妙
　　な「シュッ」という空気を切さく不思議な音。

⑭　２０代　男性　宮司　早い時期に警報は解除。地震。寝よう
　　としたとき頭上に爆音、周囲に炸裂音。

⑮　松原警察署　午後１１時２３分頃、Ｂ２９　１機が三重県境
　　より滋賀県を経て市内に侵入し、高度約６，０００ｍ上空を１
　　周の後、２５０ポンド焼夷弾級１個、１００ポンド級瞬発性
　　爆弾５０個以上、２０ポンド級瞬発性爆弾２００個を投下
　　（「松原警察署の措置概要」）

⑯　「馬町空襲を語り継ぐ会」の着弾図面　妙法院前側町（ホテル
　　東山閣北側）、通妙寺にも着弾があり要調査

　爆撃時のショックや時間を経てから記憶をたどっているため、内
容はいろいろである。静かな夜で、爆音を聞いた人もいるが、ほと
んどの人は聞いていない。飛行ルートは、南西から、旋回している、
滋賀県からと分かれている。当日は二日月で１１時ごろには月は既
に沈んでいるが、突然のショックで火災の明かりを月と見誤ってい
るようである。
　乗員は雲量８／１０としているが、星が降っていたと日記に記さ
れており、地上から見た京都上空は雲の合間にあって晴れていたよ
うである。
　市電の運転席に爆風によってほこりがもうもうと入ってきたとし
ている。東大路通から馬町の着弾点まで最短距離で約170ｍあり、
東大路通に近い西側の民家にも着弾し被害があったようだ。14弾以

外に妙法院前側町、通妙寺墓地に着弾したのではないかといわれている。

当時、防空監視所は、京都付近では京都、園部、福知山などに本部が置かれ、鞍馬、嵯峨、向日町、伏見、天王山、八幡、山城荒木、田辺南山などに監視所が設けられていた。

非常に寒い日であったこと、空襲警報・警戒警報は出ていなかったこと、灯火管制があり屋外は真っ暗闇であったこと、対空砲火の射撃音を聞いたり閃光を見たりした人はいなかったのは共通しているかもしれない。

京都も戰場なり

一昨夜半B29一機
京都市に侵入、投彈

市民憤激新たに生産敢闘

マリアナ基地よりB29一機が十六日午後十一時半頃京都に侵入、京都市内の一部に爆彈を投下、家屋等の倒壊をみたが、被害は輕微にして市民の士氣は極めて旺盛、些の動揺もなく職場に挺身してゐる

殆ど爆彈使用

京都師團長視察

渡邊少将激励

京都新聞　1945年1月18日

馬町空襲の下で

理髪業　石本喜代史さん（93）　取材日：２０２０年８月１１日

〇極寒の一夜

　１月１６日は気温が氷点下を記録する寒い日でした。戦争に関してはそんなに切迫した空気ではなかったと思います。散髪のお客さんとは、戦争そのものより、物がなくなってきた話などをよくしていました。配給制でしたが、量が少なくなってきたなどと。

　飛行機が飛ぶ音はよく聞きました。小学校では毎日、アメリカ軍機の爆音を「これはＢ２９、これはグラマン」と聞かせていました。私より７〜８歳年下の子はその違いをよく聞き分けていました。ラジオでも爆音を聞き分ける放送をしていました。

　夜１０時頃、寝ていると「ドン」と地震がありました。今なら震度４くらいでしょうか。前年の東南海地震の余震だったと思っています。普段なら、しんとしていますが、この地震で起きた人も多く、町はざわついていました。やっと再び床についたとき、また下から突き上げるような衝撃を受け、跳ね起きました。「また地震か」と思いました。布団の上にガラス片や建具が飛び散り、厚さが５ギもある玄関の扉は爆弾の破片が突き抜けていました。直前の警戒警報、空襲警報はありませんでした。衝撃だけで不思議と爆弾の破裂音は聞こえません。あとから聞くと、１００ギくらい離れていた人は「ドーン」という激しい音を聞いたそうです。爆弾投下の前後に２回くらい、Ｂ２９が旋回する音を聞いた記憶があります。

表へ出ると、道（渋谷街道）を挟んで向かいの家から火の手が上がりました。焼夷弾が落ちたようで、あとは通常の爆弾のようでした。町内には防火用水と手押しポンプ１台があり、私と向かいの人と２人で火を消しにかかりましたが、全焼でした。逃げる余裕があったのか、この家にけが人はいませんでした。消防車は２０分くらいできました。寒さが厳しく、消火用の手押しポンプの水は、沸かしたお湯を入れてもすぐ凍ってしまうほどで、道路は流れた水が凍ってスケート場のようになりました。

○夜を徹しての消火活動

　地元の警防団や自警団も来て、消火活動をしましたが「一般人は帰れ」と言われ、いったん家に戻りました。幸い電気は通っていましたので、後片付けを始めました。爆弾で壊れた家は、すぐに火は出ませんでしたが、冬なのでこたつの火がくすぶり、１時間たったころ、次から次へ燃え出し、明け方まで続きました。

　未明の４時頃、軍隊が来て東大路通、七条通、五条坂など周辺一帯を通行止めにしました。知り合いの人も入れない厳重さでしたが、裏の細い路地からは入った人はいました。被害を知らせる手紙や、電報は禁止で、郵便局が受け付けてくれませんでした。ただ七条大橋付近では爆弾の音がはっきり聞こえ、火の見やぐらからは馬町の方面での火が見えたそうで、うわさとして広まったようです。

○馬町空襲の謎

　空襲の死亡者と負傷者は、修道国民学校（現京都市立東山支援学校）の講堂に収容され、負傷者は日赤や、洛東など４病院に運

ばれました。死亡者の葬儀は１８日、智積院で営まれましたが、極秘扱いでした。当時の町内会長が検視に立ち会いましたが、遺体の損傷はそれほどひどくはなかったそうです。２～３年後に死亡者の記録が分かり、また町内の「龍彦院」で行われた三回忌法要のとき、死亡者は43人でしたので、これが最終的な数かと思います。

　軍需工場や軍の施設がない馬町がなぜ、という疑問があります。Ｂ29は１機だけですが、この日は名古屋に偵察・爆撃の記録があるそうです。天候が悪く、目的を達成できなかった機が帰途の際、機体を軽くするために捨てたという説、大学の期末試験で勉強していた寮から漏れた明かりを誤爆したという説、花山天文台の南にあった高射砲陣地が狙われたとの説、ほかにスパイ説などもありますが…。

　私は馬町空襲のあと、２月初めに徴用され東舞鶴の施設部第２１部隊に配属されました。軍関係の施設の補修をする部隊です。５０人の宿舎が４棟ほどありましたが、理容室がないために「お前やれ」と、手に職のある私が指名されました。終戦までいました。（談）

京都女子専門学校寄宿舎　現在京都女子大学第三小松寮
現在富士グランド東側テニスコート附近より北向撮影
（立命館大学国際平和ミュージアム　提供）

同場所（現在上馬町西部京女渋谷寮）の北東附近より南西向撮影
当時の浜田家が前部倒潰後、都市ガスに引火、火災全焼直後撮影
されたもの（立命館大学国際平和ミュージアム　提供）

　空襲のおよそ1年半後に米軍が撮影した東山区馬町周辺の航空写真で、左側南北の道路は東大路通、中段の東西の道路は渋谷通、左下の木々は妙法院・積翠園。着弾の範囲は、おおよそ南北70ｍ、東西260ｍの範囲で、渋谷通のクランクの南西側、東南側付近で広範囲にわたって住宅がなくなっている。クランクの南側の学校は、修道国民学校（現　東山総合支援学校）である。

　その南側・東側の大きな建物は京都女子専門学校（現　京都女子学園）の学舎やグラウンドである。左下に東大路通に面して西側に旧の東山区役所、東側の妙法院は東大路通に面して石垣が造られて

いる。中央上は大谷本廟、通妙寺などのお寺と墓苑である。

　左上は東山五条付近で、五条通の南側部分が建物疎開によって拡幅され、建物が除却されている。現在は五条通が東へ延伸され、大谷本廟の南側を迂回カーブして高架道路で山科区へつながっている。

　被災地は平安時代には、平氏の邸宅が立ち並ぶ六波羅第（鎌倉期には六波羅探題）があり、平安期末には平重盛が邸を構え、小松殿と称されていた。馬町空襲の場所は、その小松殿の真東隣に当たる。

【当日（1月16日）の天気図】（気象庁）

　当時、気象情報の提供は、軍事関連情報として軍などの一部に限定され、一般には公表されなかった。

　昭和20年1月16日　午前6時　東京発表

「（天気概況）裏日本ニハ弱イ低気圧ガアリ、表日本ニハ南西諸島カラ四国沖ニ伸ビル連続線ガクルタメ、今朝ハ東海道方面モ時ニ曇ル見込ミデスガ、大シタ影響ハナイ模様デス。

　東京地方　今晩　北ノ風　晴一時曇

　　　　　　明　日　北ノ風　晴一時高曇

　　　　　　明　晩　同上

　　　　　　明後日　同上

　　　　　　最大風速　N7

　　　　　　明朝最低気温　氷点下3度」

　月の出8：37　月の入り19：21　月齢1.9

　日の出7：03　日の入り17：08

　京都は、最低気温　氷点下6.4度、最高気温5.3度、最大風速は北西の風5.5mであった。この年の1月の最低気温は1月4日の1度を除いて全日氷点下で、前日の15日は氷点下2度、翌朝17日は氷点下7度、18日は氷点下7.6度、19日は氷点下6.3度と連日、厳しい寒さが続いており、上空の気象も特異なものだったのかもしれない。

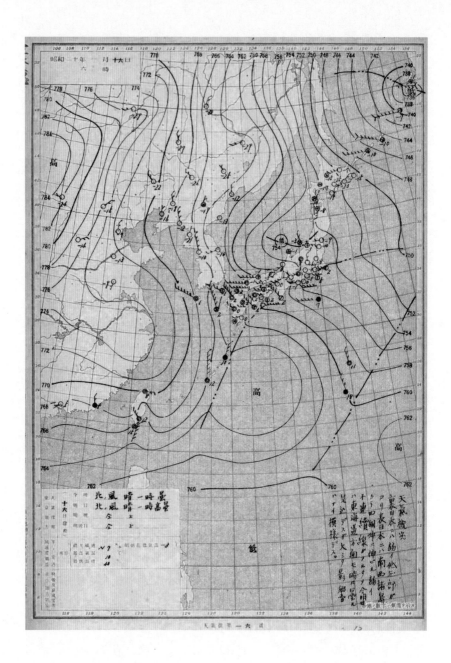

昭和 十年 一月 十六日 六 時

天氣槪况
裏日本ハ稍々擴
グリ表日本ニ南西諸島
カラ四國雄ニ伸ビル勢ハ
不連續線ヲルアルタノ全開
ハ東海里方圍七時ニ當ル
見込デスガ大ヨリ影響省
ハイモ撰珠ス。

天氣槪第一大號

138

マリアナから京都までの夜間飛行

　B29（WSM116）は、午後3時32分ⅰ、北マリアナ・テニアン島の北飛行場を離陸した。北緯15度の熱帯の島を日没前に発進し、北緯35度で折り返して夜明けに帰還する往復3,000マイル（4,800km）、約14時間の夜間飛行である。目標は名古屋陸軍造兵廠熱田製造所、気象観測と爆撃の任務で硫黄島は日本が守備をしているため護衛機はなく、単独飛行で3tの爆弾を搭載して日本本土に入る危険な任務であった。そして午後11時19分、京都市街地に爆弾を投下した。（戦後の米軍調査では、「名古屋陸軍造兵廠熱田製造所　従業者5,034人」としている）

　1月のマリアナから日本までの夜間航法は、雲の上に出れば、月が沈んでいても北極星や天の川、オリオン座周辺のシリウス、プロキオン、ベテルギウスなど天測航法の標準となる明るい星が頭上に多く見える時期であり、ジャイロの活用とともにそれらの高度（角度）と正確な時間、航空年鑑によって、自機の位置の特定は比較的容易である。B29（WSM116）は、日没前に離陸し日の出後に着陸しており、離着陸には比較的安全な時間帯であった。雲の上では夕刻、朝方には水平線上にオレンジ色に輝いた地球の丸みが見えただろう。下方は月が出ていない星の明かりだけでどの程度見えるのかはよくわからないが、雷の閃光に照らされた時に雲海の状況が見える程度で、陸地や海の様子は強い光がなければ真っ暗で何も見えなかったであろう。

　飛行ルートは、硫黄島付近を通過して紀伊半島の尾鷲付近から内陸に入り、琵琶湖を目指して北上し名古屋に向かう予定であったが、途中で進路を京都へ変更したことになる。

　京都市上空でぶるんぶるんと旋回していたということだが、B29の乗員のパイロット、ナビゲーターなどの教本では、左右のどち

らかの5マイル離れた集合ポイント（洋上を分散して飛行してきた各機・各編隊を爆撃目標に向かうため、再集合させるポイントなど）へ向かうUターン旋回飛行のアプローチ・モデルが、図説されている。

　5マイル（8,000m）を2分間で直進して、その後3分間で5マイル幅を半円で7．85マイル（12,560m）180度旋回飛行し、その後2分間で5マイル（8,000m）を直進（逆進）して、指定された集合ポイントに到る飛行コースが示されている。B29は、直進コースでは時速150マイル（240km／時、67m／秒）、旋回時には157マイル（251km／時、70m／秒）の比較的遅い速度で飛行しているケースであるが、安全に180度Uターンするだけであれば時間は3分間、コース幅は5マイル（8km）、飛行距離は7．85マイル（12.56km）を要することを示している。(LEAD CREW REVISED AS OF 3 FEBURUARY 1945 HQ 20TH AF, WASHINGTON, DC.)

　一方、対空砲火の回避方法として、B29の急旋回時の方向は毎秒2度が限度で、機体は大きく傾斜しており水平に戻すまで爆弾投下はできない。毎秒2度で旋回すれば、180度Uターンに90秒を要し、飛行速度・高度にもよるが旋回時間は安全旋回の2分の1となる。これからするとB29は、1周の円旋回に3〜6分を要するということになり、低速度で直径8kmの円形の旋回をしたとすると、京都盆地程度の中で旋回は可能であったと考えられる。

　市内の西側へ迂回したとして、北山上空の北側からか、市内南部からかはわからない。名古屋陸軍造兵廠熱田製造所や近江八幡の西の湖は北緯35度08分の同値であり、これを使って西進すれば左京区の貴船山付近である。対空砲火の危険性を考えると北からとも考えられるが、それでは目的とする京都付近の地上からの反応は得られないだろう。松原警察署の報告では市内を1周したとし、体験

者の中には南西方向から爆音が聞こえたと記憶している人もあり、南側の可能性もある。市内南部の市街地から愛宕山方向へ旋回し、花園付近では旋回を終わって水平飛行の離脱ルートに入り、投下した可能性がある。

　高度8,800mとは、どのくらいの高さなのだろうか。京都市上空は民間航空機のフライト・コースで、毎日、多くのフライトを見ることができる。ジェット旅客機は、高度30,000〜40,000ft.（9,100〜12,200m）の間を、およそ800km／時で飛行し、東に向かう機はジェット気流に乗り、時には対地速度1,000km／時を超えている。近距離用のターボー・プロップ機は、中高度18,000〜24,000ft.（5,500〜7,300m）で、およそ600km／時である。雲がなければ、これらの機影は地上から明確に見える。B29の機体は全長30m、全幅43mで、おおよそ今日の中型旅客機ぐらいの大きさである。

　8,800m上空から地上を見る場合はどうだろうか。雲は機体の下にあり、雲が全くないという日はほとんどないが、昼間であれば雲間から100km程度先の大まかな地形が水平から約5度下方に見て取れるであろう。だがB29（WSM116）が飛行したのは夜間飛行で月も出ていないときである。地上の京都は灯火管制によって明かりはなく、雲はなかったとしても真っ暗であり、8,800mの高度からレーダーではなく目視で投下したと報告しているが、京都の地上の具体的目標物を目視することはできなかったであろう。

　飛行機の音は高度によって相当に異なる。B29のレシプロ・エンジンのプロペラ機と今日の静音ハイテクのジェット機とでは技術が全く違うため、単純な比較はできないが、今日のターボー・プロップ機の羽音は、羽の枚数は違うが基本的には同じ音源である。

　12,000mの高度で飛行するジェット機は、機影が見えるだけでエンジン音はほとんど聞き取れないが、9,000mの高度なら音

は聞き取れ、機影は音の方向よりもかなり前に進んでいる。高度7，000mぐらいのターボー・プロップ機のプロペラ音は、長い時間はっきりと聞き取れ、聞こえてきたときにはまだ上空には達していない。

しかし、これは屋外で聞く場合である。建物の影や部屋の中では、音は建物に反射して聞こえてくる方向が大きく変えられ、特に小さな音であれば部屋の中ではその方向は正確にはわからないだろう。

灯火管制下の市内の様子

爆弾投下時刻には、市内に空襲警報や警戒警報は出ていなかったが、灯火管制が敷かれており真っ暗な市街である。各家庭や工場では明かりが外に漏れないように電灯や窓に工夫を凝らしていた。最終の市電が走っていた時間帯で、車両には光が上方に漏れないようにヘッドライトに工夫がされていた。大都市の工場に対して大規模な精密爆撃が始まり、京都においても軍や行政によって防空・防護の指導が行われ、市民のお互いが注意し合っていたころである。当時、寮生の部屋の明かりが屋外に漏れ、これが空襲を誘引したのではないかと言われたようだが、高高度からこの程度の明かりでは識別できず、またそれがどこであるのか全く判別できなかったであろう。仮に何らかの明かりが視認できたとしても、高高度からそこに命中させることはほとんど不可能である。単に京都上空ということであれば、琵琶湖の湖面を利用したレーダー・スコープや飛行ルート軌跡から捕捉できたはずである。

【京都電灯株式会社　灯火管制】

（国立国会図書館USSBS Entry41：Field Report Covering Air Protection And Allied subjects in Kyoto, Japan February 1947）

「漏れた一灯　敵機を招く」とし、一般屋外灯・屋内灯の光の明かりが上空に漏れないよう市民に注意を促している。

【京都市の消防】

(国立国会図書館USSBS Entry41：Field Report Covering Air Protection And Allied subjects in Kyoto, Japan February 1947)

　米軍の調査時（47年）に撮影された。日本で4台しかない25mはしご車が配備された「Ｓｈｉｍｏ」消防隊指令部とあり、下京消防署ではないかと思われる。訓練前の点呼で整列している隊員の多くが、カメラの撮影方向に注目している。

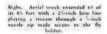
Above. Kyoto's aerial truck, located at Shimo battalion headquarters. equipped with 500 g. p. m. pump. but had no hose or standard ladder equipment.

Right. Aerial truck extended 65 of its 85 feet with a 25-inch hose line playing a stream through a 1-inch nozzle tip made secure to the fly ladder.

Shime Battalion Headquarters personnel lined up at reac. of station for inspection before beginning a series of company drills.

15

２回目の勤務の時、京都市消防団総合査閲式で竿頭綬を授与され
た東山消防団・清水分団の皆さん（２００６年６月）

爆弾の投下

　Ｂ２９が爆弾を投下したときには、編隊爆撃においては先導機が、偵察任務などの単独においてはそれぞれが、時間、位置などを直ちに本隊へ無線送信して報告しなければならなかった。月のない夜間に高度８，８００ｍからレーダーや飛行ルートを記録したトラッキングによって京都の上空であることが確認できたとしても、特定の目標へ投下するためにはさらに難しい問題がある。地図上で目標を確認して、確実な間違えることのないＩＰポイントを設定・確認して爆撃航法に入り、水平飛行で直進し、風向、風速、対地速度、高度を測定して投下することになるが、これには８分程度の時間がかかる。

　そして、この時期はジェット気流が強いため、向かい風ではなく追い風になる西または北からのアプローチとしなければならない。だが京都の西や北方向の内陸に確実なＩＰポイントを採ることは、夜間での目視やレーダーでは難しいであろう。ＩＰを使うとすれば、向かい風にはなるが、レーダーによる琵琶湖の水面を利用するしかないだろう。短い距離の中で短時間の高高度旋回をしながら、具体的目標に投下することは困難である。

　この１月の時点では、爆撃照準を定めるために必要な大縮尺の正確な地図は完成しておらず、京都付近は２５万分の１程度のアプローチ用地図しかなかった。個別の爆撃目標も命令されておらず、単純に京都市の市街地ということで投下したのではないかと考えられる。

　空中から投下された爆弾がどのくらいの時間で地上に着弾するかは、飛行高度、速度（対地速度）、風向・風力、目標の標高によるが、その標準は理論と当時の実験によって確かめられている。一般的には空気・風の影響を受けるため、航空機が速度・方向を変えず

に飛行していると、着弾点は機の後方になる。

　馬町に投下した２５０ポンド（１１３ｋｇ）通常爆弾は早見表にはないため、近傍の５００ポンド通常爆弾を見ると高度２９，０００ｆｔ．（８，８００ｍ）から投下したときの着弾までの時間は、航空機の対地速度が時速２００マイル（３２０ｋｍ／時）のときで約４５秒であり、爆弾の着弾時のスピードは３２０ｍ／秒にもなり、着弾角度は飛行速度・時速２３０マイル（３７０ｋｍ／時）の場合は７９度の角度としており、真上近くから爆弾が突っ込んでくることになる。

　落下時間中の風速・風向の影響を考慮（相殺）して、風の影響を考えない場合、対地速度・毎時３００マイル（４８０ｋｍ／時）のとき、５，８２３ｍ手前で投下しなければならないとしている。（対空砲分析　Memorandum No 5　30 May 30 1945 methods of flak analysis）

　爆弾の威力は、当時のテストによって明らかになっている。馬町空襲で投下した爆弾は２５０ポンド通常爆弾で、当初の目的が名古屋陸軍造兵廠熱田製造所であり、デレイ・ヒューズによる炸裂の場合、炸裂は地下１．３５～４．３８ｍ、クレータ（着弾の穴）の直径は６．４８～７．１４ｍ、クレータの深さは１．５６～２．１３ｍになり、ノン・デレイ・ヒューズ（時間非遅延型）による炸裂の場合は、炸裂は地表で引き起こされるためデレイ・ヒューズよりも規模が小さくなる。（「爆弾と特定目標」教本（AIRCRAFT MUNUTIONS VERSUS SPECIFIC TARGETS））

馬町付近に爆撃目標はあったのか

　アメリカは、この頃、京都付近に５つの攻撃目標（宇治水力発電所、梅小路鉄道貨物操車場・機関車庫、宇治火薬製造所、日本電

池・第１工場（南区吉祥院）、日本電池・第２工場（南区上鳥羽））を設定したが、他の地域の航空機関係工場が優先であり、これらへの攻撃予定はなかった。京都の目標設定の中で馬町に最も近いのは、梅小路の３.１ｋｍであるが、優先目標の航空機関係ではない。

　当時は、ジェット気流の影響で昼間爆撃でも着弾点が目標から３ｋｍも離れ、３００ｍ以内の着弾が投下数の１２％であった。単機での爆撃は、目標物破壊の効果は少なく、京都をいつでも空爆できるという心理的な効果を狙ったデモンストレーションであったとも考えられる。

　馬町の８８８８フライトは、４４年１２月の最初の東京から始まって僅か１か月後で、８８８８攻撃３９４回の９３回目が馬町であった。第２１爆撃大隊としては、気象観測を第１目的としながらも各地の攻撃目標の関連情報は未知数であり、対空砲火・サーチライト・レーダーの有無、迎撃戦闘機の飛行など日本の防空能力・反応を早急に偵察しなければならない時期であった。加えて乗員の長距離・夜間飛行、航法、レーダー使用、爆撃などの技術が不足し、このための訓練が必要であったことを当時の第２１爆撃大隊司令官は、認識していた。

　関連情報が不明な段階では、安全を考えて高高度飛行し、爆弾や高射砲の閃光などが目視できる雲のない位置から観測しなければならない。雲量１０／１０の雲に覆われ反応が見えない名古屋陸軍造兵廠熱田製造所に投下しても着弾も反応も目視できず意味はなかったのである。

　４時間前に飛行したＢ２９（ＷＳＭ－１１５）は、名古屋（２９,６００ｆｔ.）と豊橋（２７,５００ｆｔ.）でレーダー投下し、目標上空の雲量は８／１０～９／１０であったと報告している。馬町の時は雲量８／１０での目視投下であった。雲量１０／１０では不可であっても、目標付近の雲間が１０％でも空いていれば、レーダー

投下して、着弾や反撃の状況を知ることができ、偵察の意味はあるということである。

　乗員は市内中心部に炸裂が見えたとし、京都の市街地に投下できたと判断したことがうかがえる。投下前に地図をみて、東山馬町が京都の中心部だとは考えないであろう。爆撃手は中心部を鴨川西側の上京区、中京区、下京区あたりと考えたはずである。

　しかし、着弾地は馬町であった。偵察機は中心部を東西方向に近い直線で水平飛行して投下し、その後着弾までのおよそ４５秒を離脱方向へそのまま直進したために、真後ろに見えた炸裂は市内の南北方向の中心付近ではあるが、東西方向は東にずれていることがわかりにくかったのではないだろうか。開発されたばかりのＡＰＱ１３レーダーは早速にＢ２９に装備されたが高高度においては性能が不十分で、海に近い名古屋では効果が発揮できたかもしれないが、京都のような内陸部でのレーダーによる精密爆撃は困難であったのではないか。

上空から見える範囲と投下目標

　雲量８／１０で２０％の雲間から目視で京都に投下したが、夜間、月も出ていない中で、８，８００ｍの上空から灯火管制の敷かれた京都の町はどのように見えたのであろうか。おそらくは真っ暗で、飛行ルートから京都の上空であると推測はできてもレーダーがなければ確認できなかったのではないか。

　雲量８／１０で、雲間が２０％空いているというのはどのくらいの範囲であろうか。雲量は目視による感覚的な数量である。理論上は、８，８００ｍの高度から見える距離はおよそ３５０ｋｍ先まで見えることになるが、実際は水蒸気やほこりのためそうはいかない。京都タワーの展望台の標高１２８ｍ（標高２８ｍプラス１００ｍ）

であれば、約４３km先まで見えることになり、あべのハルカスはぎりぎりでそれ自身の高さがなければ見えないことになる。天気のいい宇治田原上空６，０００ｍから５６km先の高島市（舟木崎）、６５ｋｍ先の高島市今津の平野は見えた。当時のアメリカのパイロットは、日中、雲に遮られず平均１２マイル（１９ｋｍ）先の航空機などの物体が識別できれば視界良好としていた。

　目標の京都上空の雲量であるから小さめに考えて、半径８ｋｍ（５マイル）の範囲で考えてみよう。その円形の面積は２０１㎢であり、雲間の２０％は、４０㎢である。さらに小さく考えてみよう。京都盆地の三山に囲まれた範囲は、東西はおよそ将軍塚と松尾大社の９ｋｍ、南北は上賀茂と伏見・藤森（東山三十六峰の南端）の１２ｋｍ、四辺形で１０８㎢、雲間の２０％は２２㎢である。山科盆地も含めて考えると、東西はおよそ桂・梅津と山科追分・大谷の１２ｋｍ、南北は上賀茂と伏見・藤森の１２ｋｍで、１４４㎢、雲間の２０％は２９㎢である。円形であれば、半径約７ｋｍの範囲である。

　雲間が２０％というと狭く感じるが、京都上空には相当に広い雲間が開けていて、校長先生が日記に星が降っていたと記されたのは正しく記録されていたと考えられる。馬町を空襲した機も直前の機も雲量１０／１０では投下しなかったが、目標上空の雲間が２０％空いていれば、投下して反応が観測できたのである。

　雲間の２０％は極端に少ない数字ではない、ただ、夜間は地上が見えないことである。地上で数個の明かりやまとまりをなしている明かりが見えたとしても、それらが形づくる特徴的な形状や連続した形を識別できなければ、地図上のどこに当たるのかを判別することはできないだろう。４５年３月、硫黄島付近を飛行していたＢ２９が真っ暗闇の中で不思議な光を見たが、後でそれが地上戦の砲の射撃閃光であったとしている。馬町空襲時には特定の目標施設は指示されておらず、何かの具体的目標物を確認して投下することは困

難であったと考えていいだろう。レーダーで琵琶湖の形状を捉え、地図と照合して京都を確認し、雲の切れ間から中心部として投下したと考えられる。

　京都市の市街地になぜ２つの地点を設定する必要があったのか。２番目の寺町通仏光寺の設定である。これは山科地域も含めた京都の市街地の中心として考えたのではないかということである。また南北間では、左京区の高野の鐘紡工場と藤森の陸軍施設の中間ぐらいに当たる。１番目は京都盆地単独に考えた市街地の中心として、２番目は山科・醍醐盆地も合わせた京都市の市街地の中心として設定されていたのではないか。

　名古屋や岐阜の空襲においては、琵琶湖や京都市伏見区（桃山）がＩＰとして使われている。Ｂ２９（ＷＳＭ１１６）のルートも三重県尾鷲付近から内陸に入り、北上して琵琶湖付近に至り名古屋方面に向かう予定をしていたが、名古屋のかなり手前で上空の雲量１０／１０を目視し、先のＢ２９（ＷＳＭ１１５）が東進しており、敢えて風上方向ではあるが距離の近い、雲量８／１０の未偵察の京都を選択したのかもしれない。琵琶湖に至る手前で京都方向へ進路を変えた可能性もあるだろう。京都における爆撃目標の指定はなかったため、また京都については詳細な地図が作成されていない段階であり、京都に関する詳細なデータは携行しておらず、２５万分の１程度の小縮尺の航空用地図を使って京都へ飛行し、京都周辺の反応を偵察した可能性が考えられる。

着弾場所

　馬町空襲の着弾地点について調査研究された最新の資料は、２０１７年度にまとめられた京都女子大学文学部史学科の「日本史演習坂口ゼミによる検証と考察」である。資料では投弾数２０発のうち

１４発を地図上で特定し、被災時の写真とともにフィールド・ワークを行って調査研究され、１４発以外にも少し離れた通妙寺や東大路通西側の妙法院前側町付近に着弾があったようだとされている。

　東大路通を走っていた市電の状況は、相当近くで炸裂し、轟音と土ほこりが遮る建物がないために、直接、電車を襲ったのではないかとも思えるのだが、線路に近接した場所に落ちたのかもしれない。研究資料にある１４発の位置は、一見しておよそ西北西と東南東を結ぶラインにあることがわかる。回帰直線分析によってもう少し分析すると重相関係数０．８７で１１９度と２９９度の方向、すなわち東西方向で見ると真東から南へ、真西から北へ２９度、右回転しているようだ。

　京都の被害状況調査として、米陸軍航空隊は戦後の４６年５〜６月に撮影したカラー映像記録を残している。京都の木造住宅の街並みや烏丸通、四条通、建物疎開地、京都駅、東本願寺、百貨店などの街中の様子を地上撮影（５月２６〜２８日）した後、西陣と馬町を高度６００mから撮影（６月）している。西陣は浄福寺通に沿って中立売通から四条までの２５秒間で、空襲跡が鮮明に映っている。馬町は七条通に沿って西大路から東山まで約４ｋｍ間を撮影している。太秦の京都機器製作所（三菱・第十四製作所）はない。

　馬町は３３秒間で、修道国民学校や京都女子専門学校（京都女子学園）の学舎・グラウンド、妙法院、東山区役所などが写っており、妙法院の建物の北側、東側は、積翠園を含めて全体が緑の木立に覆われ林のようになっている。この斜め上方からの映像では、林の緑が少し陰っているように見える所が５か所ほどあるが、４６年７月２４日に撮影された航空写真では、木々の間に池のくぼ地が見える程度で、特別なものは見当たらない。

　（「Kyoto General Views WWⅡ Damage,05/26/1946
-05/28/1946」U.S. National Archives）

偵察の犠牲になった馬町空襲

　馬町を爆撃したＢ29（ＷＳＭ116）は、高度29,000ft.
（8,800ｍ）から目視で通常爆弾を投下し、市内中心部に炸裂が
見え、正確ではないが強力な対空砲火があったと報告していた。

　当時、アメリカは、44年12月から翌１月の間は三菱航空機名
古屋工場に対して集中攻撃を行っており、高高度からの精密爆撃が
中心で、中低高度からの都市市街地への爆撃はまだ始まっていない。
名古屋陸軍工廠熱田製造所に対しては、44年12月25日１機、
45年１月７日２機、８日３機、23日１機の６回の単機の888
8フライトがあり、その後は間をあけて６月26日（＊西陣空襲）、
ＩＰを47マイル手前の近江八幡の西の湖にした第314爆撃隊
（１グループ　32機）による本格的な集中攻撃である。６月26日
には、名古屋陸軍工廠熱田工場とともに愛知航空機永徳工場、陸軍
造兵廠名古屋工廠千種機器製造所に集中攻撃を行っている。１月の
段階では熱田工場の攻撃優先度は低く、京都はさらに低かったと考
えられ、当面している愛知航空機攻撃の気象偵察任務が大きかった
のは間違いない。

　爆弾投下時の状況の詳細は不明であり、どちらの方向から飛行し
たのかはわからない。風の影響を考慮しないで投下高度から推測す
ると、西側から飛行していた場合は右京区の花園付近で、東側から
飛行していた場合は山科区の大宅付近で投下したことになる。

　東側から飛行した場合は、風下からの飛行で対地速度が遅いまま
内陸部へ向かうことになって危険度が増し、西側から帰還方向の海
上に向けて飛行するのが普通ではないかと考えられ、投下時の飛行
ルートは119度の三重県松阪方向を向いていたと思われる。

　また、乗員は正確ではないが強い対空砲火があったと報告してお
り、雲に隠されたのか乗員には１秒間に５発以上、20門以上から

と考えられる射撃の閃光は見えなかったようである。どの時点、どの場所かは不明であるが、東部山間の山科音羽山や南部の宇治槙島が推測され、その付近を飛行した可能性はある。その時点ではまだ存在していなかったのかもしれないが、馬町から東１.５ｋｍの花山にあったと考えられる高射砲陣地の射撃閃光を見た人、音を聞いた市民は、静かな夜であったが、いなかったようだ。

　このように見てくると、夜間の単機の高高度からの精密爆撃の効果は期待できず、当面している名古屋地域の航空機産業や陸軍工廠などの爆撃に備えた気象観測と乗員の夜間の長距離航法や機器操作の習熟、爆弾投下、リアクション調査などの様々な実戦訓練の可能性が高かったと考えられる。

　この時点では、第２１爆撃大隊が４５年４月に作成した四条堀川を中心とする航空地図はまだできていなかった。アメリカの４４年航空地図の都市名索引では、京都の市街地の位置として北緯３５度０１分、東経１３５度４５分（上京区猪熊通丸太町下ル）と北緯３５度００分、東経１３５度４６分（寺町通仏光寺）の２点を採った。京都では攻撃の具体的施設目標の指示はなく、乗員は京都市の市内中心部に投下できたと考えており、京都市の中心として雲間の空けたところで投下したが、京都の位置として地図索引に示された寺町通仏光寺付近を目標に投下したが、ジェット気流の影響が予想以上に大きく、南東に１.４㎞離れた馬町に着弾した可能性はある。

　京都付近では、緯度は、１度＝１１１ｋｍ、１分＝１,８５０ｍ、経度は、１度＝９１ｋｍ、１分＝１,５２０ｍの距離の差がある。東山将軍塚や琵琶湖南端の大津を通り地図上でも見やすい指標となる北緯３５度００分線であるが、１２００年前に造営された平安京の南北の中間線も同じ北緯３５度００分線上にあるという不思議な偶然が見られる。

「馬町空襲の地」の碑

　馬町空襲から７０年目の２０１４（平２６）年、「修道自治連合会」と「馬町空襲を語り継ぐ会」の人たちによって、旧修道国民学校に建立された碑には、「空襲の事実を後世に伝える」と記されている。旧修道国民学校も被災し、応急救護所とされ、後に修道小学校を経て、現在は東山総合支援学校になっている。（渋谷通東大路東入る）

「馬町　空襲の地」
昭和二十年（一九四五年）一月十六日
午後十一時二十分頃
米軍のＢ29　一機が京都市上空に飛来し
東山区馬町一帯に爆弾を投下
死者四十余名　負傷者五十余名
全半壊家屋百四十三戸
当時の修道國民学校も大きな被害を受けた
この事実を後世に伝える
平成二十六年一月
　　　修道自治連合会
　　　馬町空襲を語り継ぐ会

法観寺五重塔（八坂の塔）

　平安期創建の塔は焼失したが、１４４０年（室町期）再建された。その後の応仁・文明の乱など京都の兵火や大火を免れ壮観な姿を今も残している。石畳の八坂通は最も京都東山らしい風情の一つである。馬町の被災地から北７００ｍ。

5　西陣空襲　－投下したのは１ｔ爆弾－

　西陣空襲の「空爆被災を記録する碑」には西陣警察署の記録とし
て、死者４３人、負傷者６６人、家屋損壊２９２戸、罹災者８５０
人という京都市内では最大の被災であったと記されている。

　戦後に米軍へ提出された文書で、空襲の３日後の６月２９日に京
都府知事（京都府警察部長）から内務大臣、防空総本部長、軍関係
者への報告書には、次のように記載されている。（USSB：Sample
report of biggest raid, 26 June 1945）

　（＊１９４５年６月２６日（火））　警戒警報 午前７時３５分か
ら１０時３７分、空襲警報 ８時１０分から１０時３０分。午前８
時１５分頃より単機又は２０数機までの編隊で侵入し、主として
京都市上空、南山城、丹波方面を高度４，０００から７，０００ｍ
で飛行し、主力は滋賀県を経て東海軍管区内に侵入して、午前１
０時３０分ごろまでに脱去したが、延べ機数は２００機と認めら
れる。これらのうちの１機が、９時４０分頃　京都市西北部上空
より高度約５，０００ｍで東南進中、市内に投弾し南方の奈良県方
面に脱去した。気象状況は、南の風、１．４ｍ、湿度７１％、雲量
１０。

　罹災者８２９名、重軽傷者６６名、入院治療を要する１５名は
府立病院、京都市電気局病院に収容。夕刻までに判明した死者３
７名（添付された別表では死者４３、重症１３、軽傷５３）。救助
には西陣警察署員全員１０１名、京都府警備隊７６名、地元警防
団が当たった。治安状況は、阪神地区に対する空襲頻度が増して
いるが、京都にはほとんど本格的な攻撃がないため、「京都市は遊
覧地として保存する敵の意図だなど」との流言が一部に流布し、
防空態勢強化を阻害せんとする傾向があり、厳重な取締りを行っ
ていたところである。被害は軽微であり、一般民心は安定し治安

上憂慮すべき傾向はない。１０時１２分に高射砲の不発弾が、左京区の荒神橋の鴨川東岸に落下したが被害はなかった。

「航空攻撃報告」では、４５年６月２６日　午前９時４０分、第３１３爆撃隊のＢ２９　１機が、爆撃任務において自らの目標判断（T.O）で、高度７，９００ｍから京都の市街地に、２，０００ポンド通常爆弾（１ｔ爆弾＝９０７ｋｇ）、７発を投下した。

西陣に投下された爆弾は５０ｋｇ（１００ポンド）爆弾ではないかといわれてきたが、投下した機は名古屋の愛知航空機永徳工場を攻撃した第３１３爆撃隊の１機であり、本隊（５０機）や奈良にT.O投下した機も含めて全て爆弾コード５の２，０００ポンド通常爆弾を搭載し、投下している。

この爆弾は、長さ２.４ｍ（後部の羽を除くと１.８ｍ）、直径６０ｃｍで、総重量約２，１００ポンド、その中で容器、前部・後部のヒューズ（信管）や羽などを除いた高爆発火薬は、約１，１５０ポンド（５２０ｋｇ）である。当日は、各機とも１ｔ爆弾７発の７ｔを搭載していた。１００ポンド通常爆弾が使用されたのは、４５年１月４〜６日に単機による名古屋、浜松、東京の８８８８（偵察・爆撃任務）と８月４日のＢ２９　９９機による秋田の日本石油の空襲だけで、当時は通常５００ポンド以上の爆弾を使っていた。

写真（１６０ページ参照）は現在、将軍塚から眺める西陣方向である。市内の中心部で、中央の大きなビルは、河原町通御池のホテル・オークラ京都。中段右の緑は京都御苑、後方の市街地の中の緑は船岡山、その左の緑は北野天満宮、中段左の緑は二条城。最遠望の愛宕山のピークと将軍塚を結ぶ線上、二条城の北が西陣の被災地で、平安時代には大極殿、平安宮があった。右後方に左大文字、二条城の後方は双ヶ丘である。

「第20空軍作戦概要　1944.6.5−1945.8.14」

（SUMMARY OF TWENTITH AIR FORCE OPERATION
5 June 1944-14 August 1945）

　この文書は４５年１０月１日に第２０空軍が作成したもので、西陣空襲のあった４５年６月ごろの都市爆撃について、次のように書いている。

　「都市部の爆撃は、高爆薬爆弾を使用して攻撃する一部の工場、施設を除いて、６月中頃までに東京−川崎−横浜、神戸−大阪−尼崎、名古屋の大都市で完了した。第２１爆撃大隊は、６月１７日、次の重要目標として人口１０万から３５万の２８都市のうち２３都市を１か月以内に爆撃し、７月１２日からは人口１０万以下の都市が主要目標になった。

　人口２５万以上の都市で終戦まで爆撃を受けなかった都市は唯一京都であり、産業・工業の中心というよりは文化的中心であった。終戦までに第１目標として、人口９５万以上の５都市、人口１０万

から３５万の２８都市、人口１０万以下の２５都市の５８都市に対して、延べ１３，７１７機で９２，９９２ｔの焼夷（ナパーム）弾で攻撃した」

爆撃目標は名古屋の航空機工場だったが

　第２１爆撃大隊の戦術任務報告書（Tactical Mission Report Mission NO.223－231　Flown 26 JUN 1945（HEADQUARTERS XX１BOMBER　COMMAND））

　西陣空襲があった６月２６日のM（ミッション）２２３からM２３１の作戦行動に関する報告で、日時、目標、飛行ルート、任務分担、乗員への情報提供、気象状況、日本側の反撃予想、救助体制などが詳細に記録されている。

　６月２６日、第２１爆撃大隊は、M２２３からM２３１までの爆撃作戦を開始した。B２９　５２１機を出撃させたが、６機は離陸時の不調のため実機は５１５機であり、この中のM２２９の第３１３爆撃隊の１機が西陣に投下したのである。

指令書の目標

　指令書による目標と爆撃隊の分担は、航空機製造やその材料となるアルミ・ジュラルミン工場や軍の造兵工廠など軍需工場に集中した高高度からの通常爆弾による精密爆撃で、低高度からの一般市街地を目標とした焼夷弾爆撃ではなかった。

　M２２３　第５８爆撃隊（２G（グループ）７１機）
　　　　大阪　住友軽金属工場
　　　ＩＰ（爆撃航法の開始点）は、和歌山県田倉崎で、目標ま

で３４３／４マイル

Ｍ２２４　第７３爆撃隊（４Ｇ　１２０機）

　　　大阪　陸軍砲兵工廠

　　　ＩＰ　和歌山県田倉崎　３９マイル

Ｍ２２５　第３１３爆撃隊（１Ｇ　３８機）

　　　明石　川崎航空機会社

　　　ＩＰ　淡路島　雁子岬　２９マイル

Ｍ２２６　第３１４爆撃隊（１Ｇ　３５機）

　　　名古屋工廠　千種工場

　　　ＩＰ　近江八幡　西の湖　４８マイル

Ｍ２２７　第３１４爆撃隊（１Ｇ　３２機）

　　　名古屋工廠　熱田工場、日本輸送機会社

　　　ＩＰ　近江八幡　西の湖　４７マイル

Ｍ２２８　第５８爆撃隊（２Ｇ　７９機）

　　　各務原　川崎航空機工場、三菱航空機各務原工場

　　　ＩＰ　琵琶湖　白髭浜　４７マイル

Ｍ２２９　第３１３爆撃隊（２Ｇ　６７機）

　　　名古屋　愛知航空機　永徳工場

　　　ＩＰ　近江八幡　西の湖　４５マイル

Ｍ２３０　第３１４爆撃隊（１Ｇ　３３機）

　　　名古屋　愛知航空機熱田工場、住友ジュラルミン工場

　　　ＩＰ　近江八幡　西の湖　４６マイル

Ｍ２３１　第３１４爆撃隊（１Ｇ　３５機）

　　　各務ヶ原　川崎航空機各務原工場

　　　ＩＰ　琵琶湖　白髭浜　４６マイル

　これら以外に、スーパー・ダンボ（Super Dumbo）と呼ばれた
超大型爆弾搭載の４機と先導機１機が出撃し、Ｍ２２９、Ｍ２３０、
Ｍ２３１には、第７航空隊（硫黄島を基地）の戦闘機（Ｐ５１グラ

マンなど１４８機）の護衛が付けられた。

　目標に関する重要事項説明として、偵察から得た敷地・建物の大きさや形状、規模、棟数、製造製品などの情報を詳細に記述しており、さらにＰＯＷ（捕虜）からの情報も加えられている。

　Ｍ２２９の愛知航空機永徳工場は、最大の組み立て工場で、双発戦闘機「電光」などの４機種を月産１００機以上で生産していることが記録されているが、それぞれの目標に多くの情報収集と分析を行っている。戦後の米軍調査記録では、愛知航空機永徳工場の従業者数は２０，８２９人であったとしている。

　これらの中で、Ｍ２２９の第３１３爆撃隊の２グループ６７機は、９０．２０地区、目標番号１７２９の名古屋の愛知航空機永徳工場の爆撃のため、高爆発２，０００ポンド通常爆弾を搭載して、テニアン・北飛行場を午前１時３２分から２時１２分の間に離陸し、午後２時３６分から４時２０分までに帰着している。

　高爆発２，０００ポンド通常爆弾の使用は、同工場が典型的なロング・スパンのビル建物であり、大型爆弾の内部からの爆風によって、崩壊させるのが最も効果的と判断したと記録されている。

　また爆弾の頭部側ヒューズ（信管）は着弾の屋根から６～１０ｆｔ．下方の工場の内部で炸裂するよう０．０１秒遅れ（時間遅延型）に、尾部側は地表レベルで炸裂するようノン・デレイ・ヒューズ（時間非遅延型）がセットされ、指定された投下高度は１８，０００ｆｔ．（６，０００ｍ）であった。

飛行ルート、Ｉ．Ｐの分散と目標順位

　指定された飛行ルートは、テニアン、硫黄島、尾鷲（集合地点）、琵琶湖南端の瀬田を経由して、近江八幡　西の湖をＩＰ（北緯３５

度０９分　東経１３６度０６分）として９５度方向に右旋回して、目標まで４５マイルの爆撃航法に入る。爆撃後は渥美半島神戸から洋上へ出て、硫黄島経由でテニアンへ帰還するルートである。日本近海までの安全な洋上では、低高度を飛行する。

　尾鷲を集合地点に指定しているのは、機数や長距離飛行、気象条件などによって、分散した各機をレーダーで確認しやすい地形の場所の指定高度に再集合し、編隊の隊形整理を行うためのものであり、護衛戦闘機との合流地点でもある。

　テニアンを離陸したＢ２９は、約３時間で硫黄島上空を通過し、そこから本土へ向かう。本土に進入する地点、離脱する地点が予定されており、東京は伊豆半島や富士山から銚子へ、名古屋は尾鷲から知多半島へ、大阪は徳島牟岐町大島から尾鷲へなどのルートがよく使われた。これらは地形に特徴があって視認しやすく、レーダーでも確認しやすいことや防空体制が弱い地域などによるためで、同時に硫黄島と結ぶ線上の要所に救助用の艦艇や潜水艦などが配置された。

　名古屋空襲では、琵琶湖がレーダーによって容易に識別できるチェック・ポイントのためＩＰに多く指定され、６月２６日は名古屋、各務原の同方向に向かう編隊・機数（５爆撃隊　２４６機）が多いため、時刻と場所を分散し、Ｍ２２６、Ｍ２２７、**Ｍ２２９**のＩＰ（１３４機）は琵琶湖東岸の近江八幡、Ｍ２２８、Ｍ２３０のＩＰ（１１２機）は、琵琶湖西岸の高島とされた。

　投下目標の順位については、Ｍ２２８各務原の川崎航空、三菱航空、Ｍ２３１各務原の川崎航空機は鮮明なレーダー映像が得られないため、Ｍ２２６名古屋工廠千種工場、Ｍ２２７名古屋工廠熱田工場、日本輸送機会社は目標が小さく、名古屋市街地の中にあってレーダーで捉えにくいため、第１目標の投下が困難な場合には、いずれも「津」を第２目標に指定している。また、西陣を空襲したＭ２

29の第313爆撃隊を含めて、その他の爆撃隊には第2目標が指定されていないため、第1目標に投下できない場合は、自機の判断（T.O）で工業・産業地域などの投下目標を決定することになる。

Ｍ２２９の投弾結果と損害

　Ｍ２２９で名古屋の愛知航空機永徳工場を爆撃した第３１３爆撃隊（２グループ）の爆撃結果について、６７機のうち、第１目標に投下できたのは５０機（３４６ｔ）で、目視によるもの３機、レーダーによるもの４７機であった。

　１４機は西陣を含む他の場所へＴ.Ｏとして自機の判断で投下（９８ｔ）、３機は投下場所不明（２３ｔ）で効果なしとされている。目標の損害程度は６.７％であり、２機の損失があった。

　Ｍ２２９・第３１３爆撃隊の投下爆弾総量は、４６７ｔで、

　第１目標　　　３４６ｔ　（７４％）

　第２目標　　（指定なし）

　Ｔ.Ｏ　　　　　９８ｔ　（２１％）

　Ｔ．Ｌ．Ｒ（Target of Last Resort 投棄）　２３ｔ　（５％）

であり、

　Ｍ２２９・第３１３爆撃隊の損害は、

　２機損失　　１機対空砲火で墜落、１機行方不明

　６機損傷、　死者２人、行方不明６人

で、Ｂ２９は約２６ｔの燃料と７ｔの爆弾を搭載していたが、このときの帰還時の各機の平均燃料残は出撃時の３.７％であり、残り約２００ｋｍ程度しか飛行できない状況で、１５機は燃料不足のため硫黄島に着陸している。

航空情報（Ｖｏｌ１ＮＯ.１８　７月７日）

「対空砲火で撃墜された１機は、陸地から海岸へ出て、沖合６マイル（＊１０ｋｍ）の海上で機を放棄して脱出し、８名は待機していた潜水艦によって救助された。日本側の戦闘機３機から小規模の攻撃があった。集合地域と陸地進入地域に１００機以上のＰ５１が見えた。対空砲火は概して弱く正確ではなかったが、５機が損傷を受けた。対空砲火のほとんどは弾幕方式であったが、いくつかは雲間をぬったレーダー管制によるものと思われた」

　愛知航空機永徳工場を攻撃した第３１３爆撃隊の状況をこのように記録しているが、１月１日から６月１日までの間で、第３１３爆撃隊の海上での救助作戦は２４３件あり、

　・不時着１０９　　　　救出９６（８８％）
　・パラシュート脱出４４　救出３５（７９％）
　・墜落２２　　　　　　救出８　（３６％）
　・爆発２３　　　　　　救出１　（４％）
　・行方不明４５　　　　救出０　（０％）

である。

　乗員の意識としては、どの作戦時にも救助体制は準備されており、とにかく海上まで飛行して日本本土から脱出し、洋上に配置されている救助艦を待つというものであった。

　これら搭乗員の救助に関しても、日米では大きな考え方・体制の違いがあった。日本では国に殉じるのは名誉であり当然であるとし、また制海権を失っているために救助活動には力は入れられず、他方、アメリカは乗員を守るのは当然として様々な救助方法・体制を採った。乗員の養成、練度を高めていくためには多くの時間とコストを要し、乗員を救助する重要性をアメリカは熟知していたのである。太平洋戦争の当初、日本は中国大陸などでの実戦豊富な練度の高い乗員を投入できたが、彼らの多くを戦闘で失い、一方立ち遅れていたアメリカは短期間で多くの乗員を養成・確保し、練度を高めて、

その立場は逆転していったのである。

　第21爆撃大隊は、45年2月、B29に海上での救難信号発信機（ブイ）を装備し、44年11月〜45年7月の間に海上で不時着、撃墜、パラシュート脱出した乗員1,310のうち654人（50％）を救助している。

　6月26日の作戦で、
・M230　第314爆撃隊は、京都、大津、米原で不正確ではあるが激しい対空砲火
・M223（＊大阪住金）第58爆撃隊は、帰還時に京都で僚機9機から対空砲火の炸裂が見え、奈良で対空砲火
・M231（＊各務ヶ原）第314爆撃隊は、大津、膳所で対空砲火があったと報告している。
航空情報（Ｖｏｌ．１　ＮＯ．２０　7月21日）
「Ｍ２２３〜Ｍ２３１における、迎撃戦闘機からの攻撃は212回、70〜80機を視認、B29の損失2機（1機　迎撃戦闘機、1機　対空砲火）」

愛知航空機永徳工場に投下できなかった14機

　第1目標の名古屋の愛知航空機永徳工場への本隊の爆撃時間ｉは、午前9時13分から34分までの21分間であったが、第1目標へ投下できずT.Oとした14機の投下の場所、時刻、高度である。第313爆撃隊の本隊は、IPの近江八幡　西の湖から目標まで45マイル飛行したが、途中は雲量5／10〜10／10で、260°方向（西風）から45ノット（23m／秒）の風があったとしている。

①	宇治山田（＊伊勢）	9：10	15,300ft.
②	〃	9：31	18,700
③	串本飛行場	8：18	18,400
④	浜松	8：40	15,000
⑤	〃	8：40	15,000
⑥	宍喰（徳島）	8：40	15,400
⑦	**京都**	**9：40**	**23,800**
⑧	新宮	8：44	21,200
⑨	奈良	9：11	21,600
⑩	四日市	9：25	22,800
⑪	瀬田	9：08	22,300
⑫	伊良湖岬	9：08	20,100
⑬	愛知	9：06	18,600
⑭	不明		

【投下場所の一覧】

（国立国会図書館　USSBS Entry53：Tactical Mission Report Mission NO.223－231）

　第313爆撃隊の1機が　京都にT.Oで00時40分z（9時40分i）に高度23,800ft.からレーダーで7tを投下したと記録している。（青色下線加筆）

UNIT	TARGET BOMBED NAME OF TARGET	TYPE	AIRCRAFT DROPPING BOMBS	TIME OF RELEASE EARLIEST	TIME OF RELEASE LATEST	ALT. OF RELEASE LOWEST	ALT. OF RELEASE HIGHEST	TAR VISUAL SIGHTING ONLY	
				Mission #228					
58WG	Mitsubishi A/C Company, Kagamigahara Plant	P	60	0012 Z	0055 Z	15000	16900	18	
	Tsu City	S	15	0029 Z	0145 Z	15200	22300	6	
	Komata Ujima	TO	1	0108 Z	-	24500	-	-	
	Yokkaichi	TO	1	0034 Z	-	15300		-	
				Mission #229					
313WG	Aichi A/C Works,Eitoku Plant	P	50	0013 Z	0034 Z	17200	24700	2	
	Uji Yamada	TO	2	0010 Z	0031 Z	15300	18700	1	
	Kushimoto Airfield	TO	1	2318 Z	-	18400		-	
	Hamamatsu	TO	2	2340 Z	-	15000		1	
	Shishikui	TO	1	2340 Z	-	15400		1	
	Kyoto	TO	1	0040 Z	-	23800		-	
	Shingu	TO	1	2344 Z	-	21200		-	
	Nara	TO	1	0011 Z	-	21600		-	
	Yokkaichi	TO	1	0025 Z	-	22800		-	
	Seta	TO	1	0008 Z	-	22300		1	
	Irako Saki	TO	1	0008 Z	-	20100		-	
	Aichi	TO	1	0006 Z	-	18600		-	
	Unknown	TO	1	Unknown		Unknown		-	

　西陣空襲は、日本海方面へ攻撃に向かったＢ29が、トラブルのため西陣に投下したとの見方がある。この資料では、敦賀を空襲したＢ29は、大阪陸軍工廠を第１目標にした第73爆撃隊の２機で、９時21分に高度12,900ｆｔ．から、10時04分に25,550ｆｔ．から各７ｔをＴ.Ｏで投下したとあり、これらが、京都付近の上空を飛行した可能性はある。

　大阪陸軍砲兵工廠の投下時間は、先頭機９時18分〜最終機10時16分で、敦賀の２機は本隊とほぼ同時刻に投下している。なぜ大阪から本州を横断して120ｋｍ離れた敦賀にＴ.Ｏを行ったのか不明であるが、敦賀は朝鮮半島、満州との物資輸送の拠点としての機能役割が大きかった。その後、７月、８月に第313爆撃隊の第504グループが敦賀の機雷封鎖攻撃を行っており、事前偵察であった可能性はある。

　西陣空襲時にＢ29が編隊で飛行しているのが見られたと言われている。Ｍ223の大阪　住友軽金属工場を爆撃した第58爆撃隊は、マリアナを離陸後、和歌山県日御埼を集合ポイントとし、加太付近を爆撃航法に入るＩＰとした。大阪を攻撃後の離脱コースは、

対空砲火が激しいと予想される地域を避けて、爆撃後に左旋回（西方へ）をして川西方向へ、その後右旋回をして島本方向から南へ離脱するように指示されていた。

　第58爆撃隊は、2機が串本に、大島、徳島、宇治山田（＊伊勢）に各1機がT.Oを行ったが、本体の64機は目標の大阪　住友軽金属工場を、先頭機9時26分〜最終機11時02分で爆撃しており、これらの一部が帰投時に京都付近を北から南方向へ飛行したことが考えられる。

　また第73爆撃隊は、奈良上空を離脱コースにし、奈良市の一条通沿いをT.O爆撃している。さらに名古屋や各務原を攻撃した第313、第58、第314の爆撃隊は集合ポイントを大津市瀬田付近に、IPを近江八幡と高島に分散するなど、京都周辺には多くのB29が飛行しており、この6月26日、大阪・名古屋の9か所の目標に対して、510機のB29とP51などの148機の戦闘機が作戦行動中であった。これらの中の京都に接近した機が、京都市民に目撃されたのではないか、あるいは雲の高さは不明であるが当日の天気は曇り（京都府知事報告）で、爆音が聞こえたのかもしれない。

　この6月26日の空襲によって、名古屋市の名古屋陸軍造兵廠千種工場、名古屋陸軍造兵廠熱田工場、日本車輌本社工場、住友金属名古屋工場、愛知航空機永徳工場の5工場が壊滅した。大阪では住友軽金属工場には命中したが、大阪陸軍砲兵工廠には命中せず、周辺部市街地に着弾して市民に大きな被害が出た。

　6月26日の攻撃では、9か所の空襲のために510機（超大型爆弾スーパー・ダンボの5機を除く）のB29が出撃したが、第1目標に426機（84％）、第2目標に15機（3％）、その他の目標に42機（8％）、機器不良等による投棄等で全く効果のなかった

もの２７機（５％）であった。８％の４２機は目標に投下できず、西陣空襲の第３１３爆撃隊（Ｍ２２９）の割合は２１％と最も高く、１４機の投下できなかった理由は、１１機が飛行状況、１機は敵反撃、２機は機器不良・その他としている。乗組員の人的エラーによる投下がＭ２２４、Ｍ２２５、Ｍ２２８で６件あるが、第３１３爆撃隊（Ｍ２２９）にはなく、投下は全て意図的に行われたと考えて良い。

　１０機は名古屋へ向かうのを変更し、本隊の名古屋攻撃前の時刻に紀伊半島や徳島、浜松に投下している。

　西陣を空襲した１機は本体の攻撃終了後、１９分を経過してから京都上空に飛来して投下しており、おそらくは気象状況や航法ミスのため本隊から相当遅れて飛行し、ようやくＩ．Ｐの近江八幡の西の湖付近に到着したが、本体の攻撃は終わりかけていたために単機の名古屋上空への進入は危険として、目標を京都に変更したのではないかと考えられる。３月からは大都市市街地も軍需生産の拠点と考えられて、都市爆撃は通常化していたが、当初の爆撃目標以外であるため京都の詳細データは携行しておらず、Ｉ．Ｐ航法を採らずに、レーダーと地図によって京都市の市街地の位置、北緯３５度０１分、東経１３５度４５分（上京区猪熊通丸太町下ル）付近、あるいは航空地図の北緯３５度００分、東経１３５度４５分（四条通堀川）付近を目標に投下した可能性が考えられる。

　しかし、このとき既に原爆投下目標の選定委員会で京都が候補として挙げられ、京都への攻撃は禁止されていたのである。

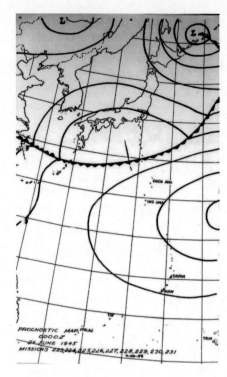

【気象予報図と雲量予測図】
（国立国会図書館 USSBS
Entry53：Tactical Mission
Report Mission NO.223−231）
　6月26日の気象予報図。（日
本側の予報天気図は177ページ）

雲量予測図の下は観測値、上はそれによる予測値。縦軸は雲の高度で地表から５，０００ｆｔ．ごと、横軸は緯度で、左端がマリアナの北緯１５度、右端が日本本土の北緯３５度で、５度間隔である。北緯３５度南付近までは各高度で多くの雲量を予想しているが、攻撃目標付近の３５度の雲量は高度５，０００ｆｔ．で３／１０と１０，０００ｆｔ．で２／１０と予測している。

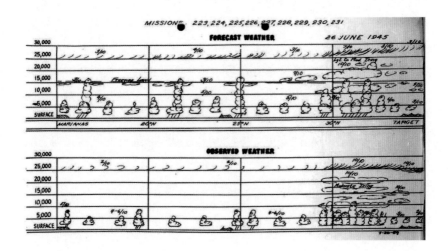

１ｔ爆弾の威力

　西陣に投下した１ｔ爆弾は、工場破壊を目的とされており効果を高めるために、頭部側ヒューズは０．０１秒遅れ（時間遅延型）にセットされ、尾部側はノン・デレイ・ヒューズ（時間非遅延型）がセットされた。

　デレイ・ヒューズによって炸裂した場合、炸裂は地下２．８６～８．８７ｍ、クレータ（着弾の穴）直径１３．５６～１５．０８ｍ、クレータ深さ３．０８～４．２３ｍになり、ノン・デレイ・ヒューズによって炸裂した場合、炸裂は地上０．７０～０．１２ｍ、クレータ直径７．３１～８．６９ｍ、クレータ深さ２．０３～２．９０ｍになるとし

ている。

　また２，０００ポンド（１ｔ）を高度２４，０００ｆｔ．（７，３００ｍ）から投下した場合の着弾までの時間は約４０秒で、着弾時の速度は３１０ｍ／秒、着弾角度は７５度である。（「爆弾と特定目標」教本（ＡＩＲＣＲＡＦＴ ＭＵＮＵＴＩＯＮＳ ＶＥＲＳＵＳ ＳＰＥＣＩＦＩＣ ＴＡＲＧＥＴＳ））

　落下時間中の風の影響を考慮せずに計算すると、時速３００マイル（４８０ｋｍ／時）で飛行していたとすると４０秒手前、約５，３００ｍ手前で投下したことになる。推測であるが着弾点の位置は、概ね南北方向に見える。これからすると、北側から飛行していた場合は、北区上賀茂付近で投下したと考えられる。愛知航空機永徳工場に行けず、時間と燃料をロスしており、安全を考えて投下前に進路を洋上の離脱方向に変更して投弾するのが普通であり、飛行方向は北から南方向であったと考えていいだろう。

西陣の航空写真（１９４６年１０月２日　米軍撮影）

　西陣の地名は応仁・文明の乱（１４６７〜７７年）の西軍（山名宗全）の陣があったことに由来し、上京区と北区にまたがる高級絹織物・西陣織の産地で、被災地は西陣の南部に位置する。また平安初期の帝の住まいである内裏や政務をつかさどる大極殿などのあった平安宮（大内裏）に位置し、西陣空襲の場所はその内裏の真東隣にあたる。

　碁盤の目をした京都の典型的な街並みであるが、東西の道路は、北から一条通、中立売通、上長者町通、下長者町通、出水通、下立売通、丸太町通である。

　南北の通りは、東から建物強制疎開によって西側が拡幅された堀川通、西へ２筋目から猪熊通、黒門通、大宮通、松屋町通、日暮

通、智恵光院通、裏門通、浄福寺通である。

　中立売通浄福寺に正親（国民）小学校、浄福寺通下立売に（旧）出水（国民）学校（現　二条城北小学校）が見える。

　智恵光院通を中心に上長者町通と下立売通の間に７か所の被災跡が見える。概ね東西３５０ｍ、南北４００ｍの範囲である。

（米軍撮影USA R275-A-7-82　1946年１０月２日　国土地理院）

当日の天気図　（気象庁）

昭和２０年６月２６日６時　東京地方

「（天気概況）日本海カラ東シナ海ニ伸ビル不連続線ハ余リ顕著ナモノデハアリマセンガ、毎時50kmノ速度デ東進シテオリ、明日東海道ヲ通過シ、コノタメ各地トモ今朝日、時雨レル所ガ多イ見込ミデス。

（＊太平洋側ニ高気圧ガアリ、月齢ハ満月）

今晩　北ノ風弱ク　晴

明日　北ノチ南ノ風　晴

明晩　北ノ風晴　ノチ高曇リ

明後日　晴レタリ曇ッタリ

最大風速　Ｅ６

最高気温　３０℃

明朝最低気温　２１℃」

月の出19：52　月の入り　4：59　月齢15.9

日の出4：43　日の入り午後7：13

この日の京都は、最高気温28．9°、最大風速は南西の風３．6ｍであった。

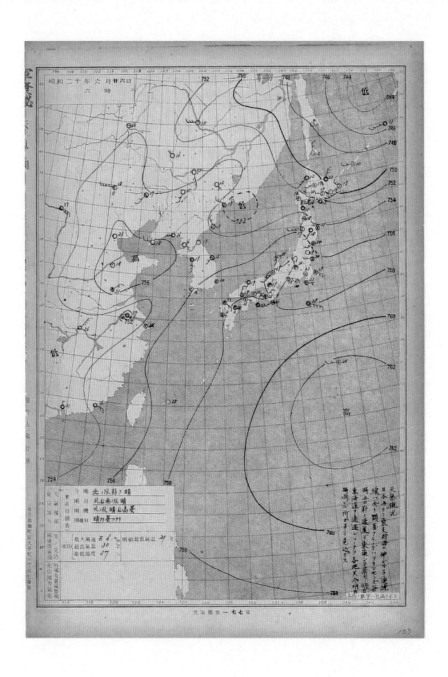

京都新聞　1945年6月27日

西陣　空襲被災を記録する碑

　西陣空襲から60周年に当たる2005（平17）年8月、「西陣の空爆被災を記録する碑の建立委員会」によって建立され碑には第2次大戦において京都市は非戦災都市と言われてきたが、東山区馬町、太秦の三菱工場と西陣が爆撃を受け、西陣において最も大きな犠牲者を出し、「戦後六十年を期して、この悲惨な空爆の事実を伝えるためこの碑を建立して後世への記録と留める」と記されている。

（上京区智恵光院通下長者町の被弾地跡・辰巳児童公園内）

「空爆被災を記録する碑」

昭和二十年（一九四五年）六月二十六日昼前、低い雲の上空に敵機B29の爆音が近づき、突然に轟然たる爆発音とともにすさまじい土煙が上がった。このときの被爆は上長者町通より南は下立売通、東は大宮通、西は浄福寺通に至る方四百メートルの地域で、当時の報告には五十キロ爆弾七発とも五発とも言われた。

　報道管制のため、その状況は、多くの市民の知るところとはならなかったが、西陣警察署の記録によると

一、　死傷者　　即死四十三人、　重傷十三人、
　　　軽傷五十三人、　　　計百九人。

二、　被害家屋　全壊七十一戸、半壊八十四戸、
　　　一部損壊　百三十七戸、計　二百九十二戸。

三、　罹災者　　八百五十人

であった。ちなみにこの辰巳公園も被災地跡にできたものである。

　第二次大戦（大東亜戦争）において京都市は非戦災都市と言われてきたが、東山区馬町と太秦の三菱工場および当地域が爆撃を受けたものであり、当地域が最も大きな犠牲者を出したのである。

　ここに戦後六十年を期して、この悲惨な空爆の事実を伝えるためこの碑を建立して後世への記録と留める。

　　　　　　平成十七年八月

　　　　　　　空爆被災を記録する碑の建立委員会

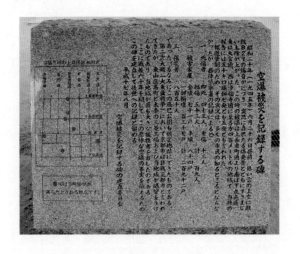

6　航空機製造と京都の変容

　日本の航空機製造の中で、三菱重工は、中島航空機とともに航空機産業の中核であり、「零戦」の開発・製造など重要な役割を果たした。三菱重工の航空機部門として名古屋発動機製作所を中心にエンジン製造と航空機組み立ての工場を各地に展開していた。

　しかし、44年12月から名古屋、熊本、水島、静岡、水島、各務原、長野などの工場が攻撃を受け、特に3月の空襲では大損害を受けた。

　三菱重工は、名古屋発動機製作所のエンジン生産強化と防空対策上から生産拠点の分散化を図るため、42年から京都において工場建設を始めており、

　　○　44年1月に右京区・太秦に主に冷却式吸排気バルブの生産
　　　　のため、**京都機器製作所**（三菱・第十四製作所）
　　○　7月に西京区（当時は右京区）・桂に主に火星型エンジン生産
　　　　のため**京都発動機製作所**（三菱・第八製作所）
　　○　45年5月には、山科区（当時は東山区）西野にエンジン試
　　　　作・研究所
を完成させた。

　戦後のアメリカ極東空軍の45年10月13日の航空目標状況メモでは、同年5月に名古屋の三菱航空機エンジン工場から全ての生産設備を山科の研究所へ移転したが、生産は開始していなかった。22気筒3,100馬力エンジンのテスト段階であったとしている。（山科西野にあった鐘紡関係工場を転用・移転したともものと思われる）

　太秦の京都機器製作所（三菱・第十四製作所）では、航空機エンジンの吸排気バルブを月産平均50,000個、生産していた。

　日本国際航空工業大久保工場では、練習機と輸送機の製造組立て

を行い、月産50機の練習機を生産していた。輸送機の総生産数は、MC20型を12機、大型の試験用木製のKI−105を２機であったとしている。

　この調査報告では、山科研究所は10行、日本国際航空工業大久保工場は７行、太秦の京都機器製作所（三菱・第十四製作所）はわずか３行の取り扱いである。

【三菱・山科研究所】

　中央下の鐘紡関連工場が転用された。上の東西は東海道本線と京津国道である。現在は、工場南側に新幹線、五条通が通っている。

（米軍撮影USA-R275-A-７-151　1946年１０月２日　国土地理院）

国策の一環として、各航空機製造会社は事実上、国の監督下に置かれ、陸海軍から航空機要求を受けた軍需省航空兵器総局が、各会社へ発注・生産管理を行っていた。また、戦争経済の中で斜陽化する紡績業の鐘紡は、京都にある多くの工場を軍需産業に転換し、４１年１２月には、巨椋池干拓地の京都飛行場に隣接した大久保に日本国際航空工業ＫＫを設立した。

　京都は、生産設備・工場用地・住戸、交通網、電力・ガスの動力供給施設などが整っており、労働力は、他都市からの流入もあったが、国家総動員体制によって老若男女を問わず軍需生産に向けられた。

　西陣織や京友禅など伝統産業は、戦時経済の中で既に縮小していたが、この頃にはほとんどの店舗が閉鎖し、多くの織機などの設備は破却・軍事転用され、西陣、室町の伝統産業は壊滅状態となった。これら繊維産業の従事者の多くは、多くの学徒らとともに軍需産業へ動員されていったのである。

　アメリカの京都分析の中で、軍需生産の物、人ともに大阪方面から京都方面へ移って集積しているとしている。これまでの地元企業の日本電池、島津製作所、寿重工業、日新電機などにおいても軍需品の生産拡大が進むとともに、三菱重工や鐘紡系の航空機産業の京都進出が加わってくるのである。

　大都市の工業エリアが壊滅していく中で、都市から都市・農村部へと工場の分散・疎開が始まり、京都は、軍需物資の生産都市へとその性格を強めていくのであるが、京都の中においても、既存工場の軍需品生産への移行や工場疎開、防空上の関係から軍需関連工場の分散化が進み、百貨店、勧業館、歌舞練場、学校、大谷トンネル（＊大津市域）、鉄道高架下などへ生産設備・工場が移された。

京都機器製作所（太秦　三菱・第十四製作所）空襲

　戦略爆撃調査団が４５年１１月に府から聴取してまとめた「京都フィールド・レポート」で、「１９４５年４月１６日　１２時　１機のＢ２９が７発の高爆発爆弾を投下し、死者２人、重傷者２人、軽傷者３７人、建物（＊民家）被災なし」と記録している。

　同時期に行った市街地攻撃調査「大阪・神戸・京都に対する航空攻撃の効果」（EFFECT OF AIR ATTACK ON OSAKA KOBE KYOTO）では、次のように記録している。

　「京都においては、写真偵察任務以外の作戦計画はなかった。しかし、３回、単機によって偶発事故か航法誤りによって爆弾を投下し、死者、建物破壊があった。３回の攻撃の１回が三菱第十四製作所（＊太秦）である。そのほかに２日間で合計２３機の戦闘機が京都上空を飛行し、いくつかの工場周辺を機銃掃射し、死者１人、負傷者１３人を出したが、建物の破壊はなかった。

　京都の爆撃結果

　１月　６日　死者３５、負傷者１３３、被災者７１５

　（＊日付は、日本側作成の提出資料の段階で誤っている）

　４月１６日　死者２　負傷者４９

　６月２６日　死者４４　負傷者２０６、被災者１，１４０　」

　京都への攻撃は偶発的事故、航法誤りが原因としているが、馬町空襲は名古屋から京都へ目標を変更した気象爆撃偵察のケースで、西陣空襲は名古屋爆撃のＴ.Ｏであり、このよう理由によるものではないことは明らかである。

　これら終戦直後に作成されたフィールド・レポートは、日本側から聴取した被害状況の内容をそのまま記録し、同時期に作成された出撃記録などとのチェックはされていなかったようだ。

7　太秦空襲　－謎の爆発－

　１９４５年４月１６日（月）、Ｂ２９が太秦の京都機器製作所（三菱・第十四製作所）を空襲し、２人が亡くなり多くの方が負傷された。だがこの太秦空襲については、どの組織のＢ２９が攻撃したのか、目標として存在していたのか、被災建物の状況など疑問が多い。

　全てのＢ２９の攻撃を記録した「航空攻撃報告」によって、馬町、西陣、舞鶴、大津を空襲したＢ２９を特定できたが、太秦空襲では記録がないのである。太秦空襲は１６日の正午頃とされているので、Ｂ２９はマリアナを午前６時頃、グリニッジ時間ｚで前日の１５日の午後９時頃に離陸したことになる。

　しかし、「航空攻撃報告」（グリニッジ時間ｚ）には、Ｂ２９のその日の京都付近への出撃記録はない。

　この時期のＢ２９の出撃記録を確認すると、

　１５日ｚの出撃は、

　○Ｍ（ミッション）６８　川崎　第３１３、第３１４の爆撃隊

（２１９機）

　○Ｍ６９　　　　　　　　　東京　７３爆撃隊（１１８機）

　○８８８８　　　　　　　　岩国飛行場　（１機）

である。Ｍ６８、Ｍ６９の第３１３、第３１４、第７３の爆撃隊は、日本時間の１５日午後３時２１分～６時２４分にマリアナ、グアムを離陸し、東京、川崎を１５日午後１０時２５分～１６日午前０時５６分に空襲した後、１６日午前４時５２分～８時２９分に帰還しており、救助艦艇なども東京との間に配置されている。８機が館山その他の場所不明にＴ.Ｏを行っているが、時間帯は１５日深夜午後１１時２８分前後であり、攻撃目標や時間帯からすると太秦空襲とは関係ないと考えてよいだろう。８８８８の１機は、岩国飛行場を攻撃している。

【東京・川崎空襲（4月15日）の飛行ルートと救助艦艇配置図】
（国立国会図書館　USSBS Entry53：Tactical Mission Report Mission NO.68,69）
マリアナ、グアム、硫黄島、東京を結ぶルート上に潜水艦、水上艦、飛行艇など
10隻を配置している

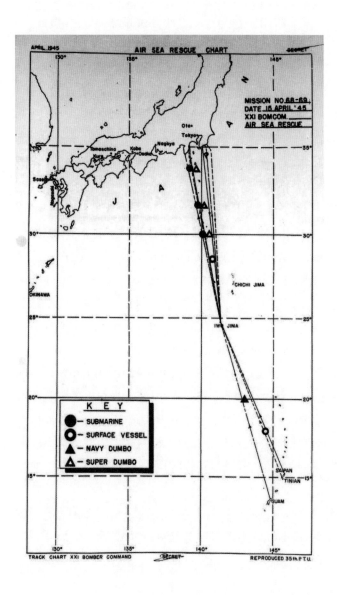

１６日ｚの出撃はない。

　１７日ｚの出撃は、沖縄戦支援の九州の飛行場が目標である。

○M（ミッション）７０　　出水　　　７３爆撃隊　（２２機）

○M　　　　　　　　７１　　太刀洗　　７３爆撃隊　（２１機）

○M　　　　　　　　７２　　国分　　３１３爆撃隊　（２４機）

○M　　　　　　　　７３　　鹿屋東　３１３爆撃隊　（２１機）

○M　　　　　　　　７４　　新田原　３１４爆撃隊　（１０機）

○M　　　　　　　　７５　　鹿屋　　３１４爆撃隊　（３４機）

○８８８８　　　　　　　　　　厚狭（山口）と神戸の２機

　海軍関係では、「海軍航空隊情報部の分析記録」には、４月の攻撃は九州、沖縄と日本の戦艦「大和」関係分だけで京都に接近した機はない。

　「海軍航空隊の日本本土攻撃の兵器消費量」（４５年９月２５日）（USN AIR EFFORT.JAPANESE HOME ISLANDS.WORLD WARⅡ ORDNANCE EXPENDED　日本時間ⅰ表記）には弾薬等の使用量が攻撃地域別に記録されているが、４月16日ⅰの空母艦載機からの攻撃は、出水、鹿児島、鹿屋、国分、串良、志布志などの九州の飛行場であり、４月７日の「大和」攻撃後は（４月７日沈没）、５月まで九州に集中していて京都はない。

　海軍情報局O.N.I.（Office of the Naval Intelligence）の週報には,16日ⅰの空母艦載機の攻撃の後、17日硫黄島から陸軍航空隊の戦闘機隊が大規模な出撃を行い（＊B29の護衛・掃討）、前日の空母艦載機と同じ目標を昼間に掃討した。海兵隊の中型爆撃機は串良飛行場の施設を掃射し、空母艦載機は再度、飛行場施設を攻撃したとしている。

　本州の爆撃を陸・海軍合わせてまとめた報告資料（TAGETS ON JAP MAIN LAND BOMBED BY ARMY-NAVY）には、陸軍、海軍のそれぞれの航空部隊の日ごと、目標別、爆弾種類別の爆撃が

記録されているが、４月１６日に京都を攻撃・接近した機は、陸海軍双方ともにない。

太秦空襲のあった４月１６日は、陸海軍の航空部隊は米軍の沖縄上陸戦の支援に集中していた。陸軍航空隊（第２１爆撃大隊）のマリアナ、グアム、硫黄島のＢ２９とその護衛戦闘機隊、沖縄近海にあった海軍の空母群の艦載機ともに京都を飛行、攻撃できる状況にはなかったと言える。

第２０空軍作戦部長の文書に、Ｂ２９は沖縄戦の支援のため、４月１７日ｚから５月１１日ｚの間、九州方面へ集中したとあった。４月の１か月間に京都周辺の大阪、兵庫、滋賀、愛知へＢ２９が出撃したのは、グリニッジ時間ｚで、

名古屋　６日（第３１３爆撃隊、第３１４爆撃隊、８８８８　１５３機）

豊橋　１４日（８８８８　１機）
　　　２９日（第３１３爆撃隊　５機）

浜松　２６日（８８８８　１機）
　　　２９日（第７３爆撃隊、第３１３爆撃隊　６２機）、

８８８８　神戸　１、９、１０、１６、２１、２２、３０日

大阪　１７日

和歌山　２９日の各１機

であり、これ以外の出撃は大阪、兵庫、滋賀、愛知にはない。

太秦を空襲した可能性のある航空機は、アメリカ側にはなかったことになる。だが、京都では４月１６日にＢ２９の太秦空襲があったとされているのである。

４５年４月２日　Ｂ２９（３ＰＲ－５Ｍ１１５）と４月１３日Ｂ２９（３ＰＭ－５Ｍ１３９）の写真偵察機が京都を撮影しているが、太秦の京都機器製作所（三菱・第十四製作所）はいずれも飛行ルート、写真撮影の範囲から、はずれている。また４５年４月の京

都市街地の航空地図（「日本までの航法」参照）には、攻撃目標とし
て梅小路、日本電池の第1、第2工場、島津製作所の4か所が目標
番号入りで明示され、桂の京都発動機製作所（三菱・第八製作所）
は目標番号なしの黒塗りで図示されているが、近傍で大きな工場で
あったにもかかわらず太秦の京都機器製作所（三菱・第十四製作所）
は地図上には存在しない。

　45年7月作成の原爆投下の準備資料（「原爆と京都」参照）には、
黒塗りであった桂の京都発動機製作所（三菱・第八製作所）は「新
しい航空機エンジン工場」と明示して載せているが、太秦の京都機
器製作所（三菱・第十四製作所）は存在していない。終戦後の45年
11月に行われた「航空攻撃の効果　大阪―神戸―京都」の調査結果
地図に初めて太秦の京都機器製作所（三菱・第十四製作所）が登場
してくるのである。

【航空攻撃の効果　大阪・神戸・京都の市街地】

　(Effect of Air attack o Osaka-Kobe –Kyoto Urban Areas Division Dates of
Survey November –December 1945 Date of Publication June 1947)

　戦後の45年11月〜12月の現地調査結果をまとめた地図で、
初めて、太秦の京都機器製作所（三菱・第十四製作所）が地図上に
出てくる（中段左の四角形）。左下の四角形は、桂の京都発動機製作
所（三菱・第八製作所）。

　(国立国会図書館　USSBS Entry41：Effect of Air Attack on Osaka-Kyoto-
Kobe)

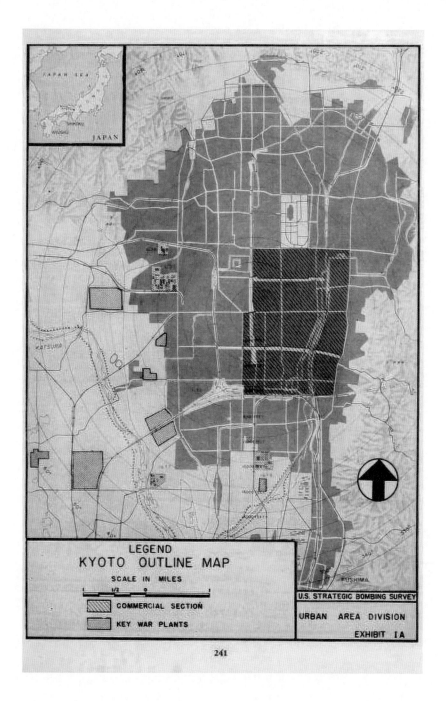

LEGEND
KYOTO OUTLINE MAP
SCALE IN MILES
1/2   0   1

COMMERCIAL SECTION

KEY WAR PLANTS

U.S. STRATEGIC BOMBING SURVEY

URBAN   AREA   DIVISION

EXHIBIT I A

241

また爆撃目標の設定過程で記したように、太秦の京都機器製作所（三菱・第十四製作所）は、目標として最後まで出てこない。太秦空襲のあった４５年４月時点で、アメリカが太秦の京都機器製作所（三菱・第十四製作所）の存在を補足していなかったことは、地図や爆撃目標の設定から明らかであり、把握していなかった可能性が極めて高い。そのような場所が攻撃目標になることは考えられず、アメリカは、終戦後に初めてその存在を知って現地調査をした観さえある。

　被災状況についても高爆発爆弾を投下すれば、建物や周辺に相当大きな被害が残ると考えられる。高高度からの投下では、着弾地は数百ｍにも広がり、大きな痕跡ができるであろう。爆撃機数にもよるが、沖縄戦支援のため宮古航空廠や大阪の住友軽金属工場建物に着弾したときの写真、茨木市真砂の農地に着弾した痕跡、馬町や西陣の被災写真と比較すればその規模・形状は大きく違っている。

　この時期は、Ｂ２９が昼間に護衛機なしに単機で爆撃することは極めて危険なときであり、高度９，０００ｍからの精密爆撃でも目標から３００ｍ以内に着弾する命中率は１２％である。形状からすると低空からの艦載機のロケット弾か爆弾のようにも見えるが、艦載機の出撃報告にはその記録はなかった。

　太秦空襲の情報に関しては、府からの聴取内容以外は出てこない。馬町空襲のところで記したが、４５年１１月の府ヒヤリング後の翌年６月に、Ｂ２９を傘下に置く陸軍航空隊は京都におけるＢ２９による被災状況を映像で残した。そこでは馬町、西陣は記録しているが、太秦は対象としなかった。Ｂ２９によって空襲を受け、死者、負傷者が多数出たと申告を受けているにもかかわらず、馬町と西陣は記録を残して太秦は残さなかった。これは、アメリカには攻撃記録はなく攻撃しておらず、関係がないといっているのではないか。

【太秦の京都機器製作所（三菱・第十四製作所）】

（米軍撮影USA-R275-A-7-110　1946年10月2日　国土地理院）

　下の東西は四条通、右の南北は天神川。左下の建物屋根に着弾痕らしきものが3か所見える。左上の円形が最も大きいが、右側と左下は四辺形に屋根が抜けており、内部の軀体は曲がらず、壁面は残っている。右斜め下、右にいくつか黒く見える所は、屋根は抜けていないようだ。

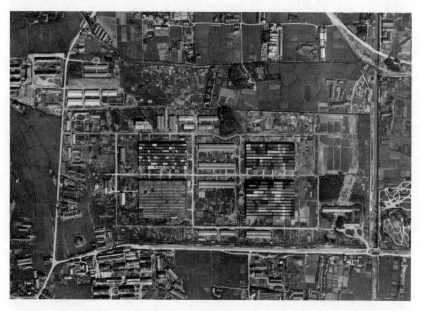

【宮古航空廠爆撃（5月13日）（マリヤナ時報）】
（国立国会図書館 USSBS Entry46：Psychological warfare,part 2）

【大阪　住友軽金属爆撃（6月26日）】
（国立国会図書USSBS Entry46：Air Intelligence report.Vol.1,No.22）

【茨木市真砂】

（米軍撮影USA-M33- 5 -20　１９４８年３月３０日　国土地理院）

　右上の農地の中に水のたまった円形の着弾点は、直径約３０ｍである。

【桂　京都発動機製作所（三菱・第八製作所）】

（米軍撮影USA-R275-A- 7 -189　1946年10月2日　国土地理院）

　工場の右（東）側に見える弧は、東海道本線。左（西）側に隣接
して阪急線、北方に桂駅、豆田町がある。

存在が明らかになった地下工場

　桂の京都発動機製作所（三菱・第八製作所）などは、他都市の空襲激化に伴って、工場の地下化を進めて分散を図った。戦略爆撃団調査の「三菱航空機の地下製造工場」(UNDERGROUD PLANTS OF MITSUBISHI AIRCRAFT CO) の中には、京都発動機製作所（三菱・第八製作所）の桂、大谷、清滝に分散した地下工場について、次のように記している。

　（桂の京都発動機製作所（三菱・第八製作所））

　「三菱第八エンジン製作所の工場は、桂駅から１／４マイル北の豆田にあり、京都の南西にある。厳密な地下工場ではないが、作業所を隠して防御するために、鉄道の高架下をうまく利用している。高架下スペースの道路と交差するところが、橋脚に沿って鉄とコンクリートの泥土で閉じられており、面積は２５，０００平方ｆｔ．（＊２，３２３㎡）ある。７２の製作工具の設備があり、４５年４月から生産に入り、工場全体が火星２５エンジンの主軸生産に使われている。工場が効果あるものであったことは明らかである。製作工具は整然と整理され、清潔で照明も明るく、乾燥している。この外形からでは、航空写真偵察によってもその存在の証拠は見つからない。この工場は、４５年１０月３０日に検査をした」

　桂の京都発動機製作所（三菱・第八製作所）の作業場として、北方の阪急電車高架下を使っていたものと思われる。

　（大谷トンネル　旧東海道本線の京都側山科と大津の間のトンネルで、正確には大津市域になる）

　「大谷工場は三菱の第八、第十四工場を分散配置したもので、大津の１マイル南西、京都の６マイル東にある。２つの利用されなくなったトンネル、各々２，１６０ｆｔ．（＊６５８ｍ）と２，２００ｆｔ．

（＊６７０ｍ）は、限定工場としてギアー切断や研磨作業のために使われている。３６種類の異なるギアーが生産され、製作用機械の２８６は第八工場、２５は第十四工場のものである。

　製造機械の搬入は４５年３月１６日から始まり、４月に完成した。従業員総数は、７００人で、多くは勤勉ではあるが、なれない作業をする女学生である。作業場の従業者の半数以上は学生である。

　これらのトンネルは乾燥しているのが理想的だが、管理者は、湿気によるトラブルがいつもあり、従業者の病気や機械・工具が腐食を起こしたと言っている。トンネルの南西端の谷に６戸の木造建物が建てられた。これらの建物は、熱処理、炭化工程、銅の板版化に使う予定であったが、終戦までには完成できなかった。カモフラージュはされておらず、その予定もなかった。この工場は、１０月３１日に検査をした」

　（清滝トンネル）
　「清滝工場は、三菱の第十四エンジン工場で、京都の西５マイルの廃止された電車のトンネル内にある。工場は大谷工場とよく似ており、４５年５月、大谷工場のちょうど１０日後から生産が開始された。」

　現在の清滝トンネルで、愛宕山ケーブルとともに廃止された愛宕山鉄道のトンネルである。

学生生徒の勤労動員

　各学校から多くの若者が学徒出陣のみならず、勤労動員・勤労奉仕として戦争に組み込まれていった。「同志社女子大学１２５年―昭和戦時下の学園」には、当時の女子学生の様子を次のように記している。

「女子にも、出陣しないまでも逃れる道はなかった。未婚女性は軍需工場などに動員配置され、進学しても勤労奉仕にとどまらず、工場への通年動員がなされ、太平洋戦時下、学校教育は実質的に停止され、戦時下の極限状態に立ち至らしめられた。４１年２月から食糧増産のため、岩倉、下鴨、加茂川畔、校庭での農園作業（麦収穫、甘藷整地、挿苗など）が課され、大阪陸軍兵器補給廠祝園部隊にも出かけた。構内では防火用貯水槽、退避壕、防空壕づくりが行われた。

　４４年以降には、戦時下体制の質的変換が図られ、軍需工場に通年動員されることになり、１１月１１日に英語科２年生が第３１海軍航空廠（与謝郡栗田村）、２３日に家政科２年生が三菱重工業京都発動機製作所（＊桂の三菱・第八製作所）、４５年１月１８日に１年生が三菱重工業第十四製作所（太秦）へ動員された。４５年４月の太秦工場への空爆の実情報告は『内容は機密』とされ、５月に桂工場の一部は大谷トンネルへ疎開した。高女部も女専にさきがけて鐘淵工業京都工場（高野）、三菱電機伊丹工場、京都精工（紫野）、鐘紡（高野）へ通年動員されていた。６月２６日、本土決戦が日程に上がってきた（抜粋要約）」

　京都女子学園の「京女の歴史」は、戦時下の学園の様子について次のように記している。

　「日中戦争の拡大は、学生生活にも暗い影を落とし始めていた。特に太平洋戦争が始まると、京都高等女学校の生徒は、宇治大久保の日本国際航空工業などで働いた。また、京都女子専門学校（昭和１９年京都女子高等専門学校を改称）の学生たちは、国文科が宇治の火薬庫で弾薬を作り、保健科は大丸デパート地下工場で飛行機部品などを造った。校舎の一部も徴用されて、兵器工場と化していた。一般には京都には空襲がなかったと言われているが、京都女子専門学校第三小松寮と京都幼稚園は、Ｂ２９爆撃機の空襲によって破壊

されるという被害にあっている。」

　国民学校では児童を動員して、校庭に戦時農園、陸軍施設の空き地などには決戦農園などと称して食料生産が行われた。

　京都の市電は、４５年には輸送力増強のため空襲警報発令下でも深夜運転を実施し、防空上、給電ポールにスパーク防止装置を付けていた。女性の車掌が運転者に登用され、乗務員（車掌）には国民学校高等科１年（年齢的には現在の中学１年生相当）の生徒２００人が動員された。

金属類供出

　人的動員とともに軍事物資不足を補うために、金属類回収令により、多くの金属供出が行われた。お寺の仏像や梵鐘、鉄道レール、橋の欄干、ストーブ、調理器、織機など多くの金属類であった。

　４１年から不要不急線として多くの鉄道線路が単線化や、休止・廃止された。愛宕山鉄道等（嵐山―清滝間、清滝川―愛宕間ケーブルカー）、京阪神急行電鉄（現　阪急電車　桂―嵐山間の単線化）などである。

　お寺の多い京都からは、特に多くの梵鐘や仏像が供出され、また学校の二宮金次郎像や三条京阪の高山彦九郎像（１９６１（昭３６）年再鋳復元）、橋の欄干などで、主に三菱直島精錬所（香川県）へ送られて兵器などの軍事物資に変換された。京都の中心、「へそ」として知られ西国三十三か所観音霊場の六角堂頂法寺の梵鐘（１９５４（昭２９）年再鋳復元）の立て札には、そのことがしっかりと記録されている。

8　舞鶴空襲と大津空襲－原爆模擬爆弾投下－

　1945年7月29日の舞鶴海軍工廠・基地と7月24日の大津東レの空襲は、いずれも特別部隊である第509混成爆撃隊による、任務コード8888、爆弾コード99の10,000ポンド爆弾（長崎に投下したプルトニウム型ファット・マンの原爆模擬爆弾＝パンプキン）を使った原爆の投下訓練であった。広島に投下したのは、ウラニウム型原子爆弾リトル・ボーイと呼ばれた横長型で、核物質、起爆方法、形などは長崎のファット・マンとは全く異なるものである。

　舞鶴ではこの1発の爆弾で約100人が亡くなっており、京都府内での最大の空襲被害であった。当時、舞鶴の海軍工廠、海軍第3火薬廠などには多くの学徒が勤労動員されており、亡くなった人の中には、京都市内から動員されていた第二商業学校、洛北実務女学校や京都師範学校の生徒19人も含まれている。多くの学生・生徒が勤労動員で舞鶴などへ行っているが、その実情はほとんどわかっていない。

　大津東レ空襲では16人が亡くなり、104人が負傷する滋賀県下で最大の空襲被害となった。

　そして、この2か所への模擬爆弾の投下が、原爆投下の候補地として挙げられた京都を想定したものであったと考えられるのである。

　日本海の主要港へのB29による機雷投下について「航空攻撃報告」には、

○　舞鶴港エリアに7月3日から8月14日の間に第505、第6、第504の爆撃グループが1,000ポンド機雷88ｔ、2,000ポンド機雷178ｔの合計266ｔ

○　宮津港には、7月27日に第504爆撃グループが2,000ポンド機雷21ｔ

○　敦賀港には、７月２５日と８月５日に１，０００ポンド機雷３
　　２ｔ、２，０００ポンド機雷５９ｔ
を投下したと記録している。
　これらの機雷敷設は、西陣を空襲した第３１３爆撃隊によるもの
で、低高度からパラシュートを使って投下した。また第２１爆撃大
隊以外にも太平洋側へ接近した海軍機動部隊の空母艦載機による攻
撃も多くあった。

【舞鶴海軍港のイラスト】

（国立国会図書USSBS Entry48：Air Objective Folder KYOTO REGION）

　航空目標フォルダーでは、舞鶴は日本海側の唯一の海軍基地で第４海軍区の司令
部があり、報告では年間８隻の駆逐艦を建造し、地下石油貯蔵庫には１００万バレ
ル（＊１２万ｋｌ）が保管されているとしている。

　イラストは、１９４３年以前のＰＯＷ情報その他の情報によって作成したとし、
司令部、兵舎、病院、第１・第２造船エリア、石油タンク、無線アンテナ、浮桟
橋、練習船、対空砲陣地などの配置が記されている。

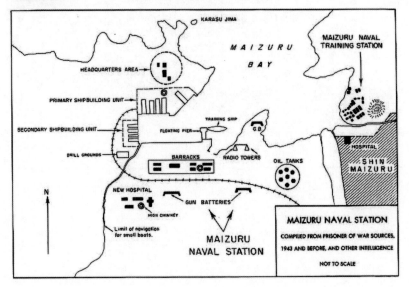

（国立国会図書館USSBS Entry49：No.84-1,southweat Japan；Kyushu,Sikoku,and southwestern Honshu,vol.2 of　2　（Plans））

　　１９４５年３月にワシントンの合同目標グループ（JOINT ARMY-NAVY INTELLIGENCE STUDY of SOUTHWEST JAPAN）が作成した１/12500地図で、航空写真などの新たな情報により補正され、水深や標高などが入れられている。

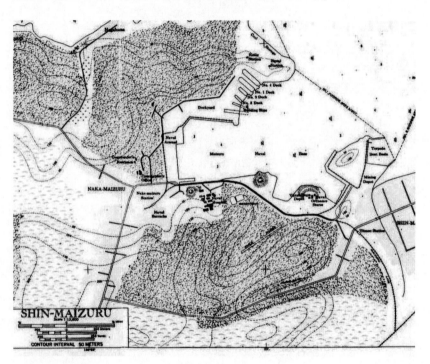

【舞鶴湾内の艦船攻撃　７月３０日】

（国立国会図書館USSBS Entry55：航空攻撃報告No.34　）

　海軍第３８機動部隊の軽空母カウペンス（浜松の南沖合１００マイル）から出撃した艦載機による主に艦船を目標にした攻撃の様子で、写真偵察機が北東方向から撮影している。海面に着弾した炸裂により、大きな水柱・噴煙が上がっている。正面は東舞鶴。

【大津東洋レーヨン工場 】瀬田川の西側
（米軍撮影USA-R32-1-110　1948年3月28日　国土地理院）

（国立国会図書館USSBS Entry48：Air Objective Folder KYOTO REGION）

（上）大津の旭ベンベルグ・レーヨン。攻撃リストには挙げていない、としている。

（中）東レと旭ベンベルグ工場にマークを入れている。

（下）琵琶湖・大津港

いずれも撮影日時不明としている

４５年３月の「合同目標グループ・ワシントン　地図・早見表」の段階では、1041（＊目標番号）舞鶴海軍基地、1046舞鶴海軍航空基地、1949宮津発電所、滋賀関係で1163旭ベンベルグ、1164東レ大津工場、1165東レ瀬田工場、1161鉄道橋（＊東海道本線瀬田橋）、大津飛行場（目標番号なし）、坂本水上飛行機基地（目標番号なし）が、目標としてリスト・アップされている。

9 原爆と京都

　日本全国の大都市、中小都市が、Ｂ29による無差別の絨毯爆撃
を受けて大きな被害を出していたが、京都のまちは残っていた。大
都市の中で唯一大規模空襲を免れていた京都が、5月に原爆投下目
標の最上位のＡＡにランクされていたのである。そして、他都市を
ほぼ壊滅させた米軍は、7月には軍需産業都市へと大きく変容した
京都の具体的な資料を作成して、原爆投下の準備を進めていた。投
下目標の照準は梅小路であった。

　アメリカが、終戦直後の11月に調査した報告書「京都の空襲の
効果」（「Effect of Air Attack on Kyoto」）には、京都市民は他
都市が次々と壊滅していく中で、戦争の最後の日には京都に原爆が
投下されることを予期していた。だがパニックというよりは、もは
やどうすることもできない、無関心・無気力になっていたと記して
いる。広島や長崎の後も情報不足で、1発の爆弾で都市が壊滅する
という新型爆弾・原爆が想像できず、これからも京都に大規模な空
襲はないだろうと期待感を持っていた人もあったであろう。だが、
現実は、既に西陣空襲の前月5月に原爆投下目標候補のＡＡランク
として広島とともに京都が挙げられ、極めて緊迫した状況であった。

京都のまちの様子

　太平洋戦争中の京都市民の様子について、戦後、日本側からＧＨ
Ｑへ提出した資料で見てみよう。

　京都市の資料では、人口は1940（昭15）年109万人、4
7年（昭22）の臨時国勢調査では100万人、出征等の影響でお
よそ10万人が減ったのだが、終戦の年の45（昭20）年12月
は、86万人（男性40万人、女性46万人）で、時期的に集計の難

しさもあったと考えられるが、23万人（21％）も減少している。40
年から45年の間には食糧難や栄養・衛生の不良、医薬品の不足から
赤痢やチフス、猩紅熱、ジフテリアなどで3,612人が亡くなってい
る。

　他方、京都府の資料では、範囲が異なるが本土空襲が始まった頃
の44年12月から45年8月までの府外からの疎開転入者は66,428人
で、住居や就業を考えると多くの人が京都市内に転入したと考えら
れる。

　東京、名古屋、大阪の大空襲のあった45年3月には、東京都から
前月2月の152人が903人、大阪府からは1,432人が9,757人、兵庫
県からは337人が1,587人へとそれぞれ転入が急増し、6月の大阪大
空襲時には大阪府からは前月5月の2,680人が10,547人、兵庫県か
らは1,047人が2，188人へとまた急増している。多くの被災者の人
口流入があったと考えられるのだが、京都市の人口は大幅に減って
いる。

　京都府警の資料には、「日中戦争後、国民精神の緊張と戦時通貨の
膨張による収入増加により犯罪は次第に減少し、太平洋戦争勃発に
より一層国民精神緊張し、昭和17年度において犯罪発生は最低とな
ったが、長期戦のため生活物資の窮乏に伴い再び犯罪累年増加の傾
向を示している。昭和18年より19年の被害発生件数が少ないのは戦
争進展に伴い、防空その他の為に被害届の減少と警察官の応召（＊
軍隊への召集）による犯罪検挙の不徹底により犯罪被害の発見の数
が減少したことによる」としている。また44年の自殺者は312人、
45年は10月までに329人あり、44年7月、45年4月、7月は40人
を超えている。

　参考までに、京都府警の終戦直後の8月30日の記録では、「民心
の動向に関する件として、（＊敗戦を受けて）一般市民の動向は暫
時、平静になり、動揺の心は示していないが、一部には敵本土進駐

後の不安に対する自衛態勢を構えておくべきとの声が台頭しつつある」としている。

　大空襲こそなかったが、京都は大きな不安と混乱を増幅していたのである。原爆が投下されるかもわからない京都に多くの人が安全を求めて避難・流入し、多くの産業・工場が集積してきた状況は、米軍の京都に対する情報分析が正しかったともいえる。

【京町家の様子】

　（米国国立公文書館：USSBS　Field Report Covering Air-raid Protection and Allied Subjects in Kyoto ,Japan　February 1947）

　４５年１０月頃に撮影された京都市内の様子（２１１ページ）で、京町家が立ち並ぶ道路で子どもたちが遊んでいる。説明書きには大都市で唯一、空襲を受けなかった都市で狭い道路に住宅が密集していると記している。

　下の写真は、上の写真と同じ町を写したものとしている。河原町通御池付近から四条通烏丸方向を撮影したと思われ、遠望に大丸や第６軍司令部のあった大建ビルが見える。

(Left) The narrow streets and wooden buildings of Kyoto, Japan's only large city not bombed, as illustrated, are evidence of the type of construction in the highly congested areas.

(Below) The same residential area as seen from the roof of a near-by modern building.

64

目標都市ＡＡランクの京都

　１９４５年８月６日の世界最初の原子爆弾の広島投下について、トルーマン大統領（４５年４月１２日、ルーズベルト大統領の急逝により副大統領から昇格）は直ちにラジオ演説し、日本国内においても新型爆弾投下の報道が始まっていた。広島、長崎の後、情報が少ない中ではあったが、８月１０日、新潟県知事は、７月２０日に近くの長岡にパンプキン爆弾が投下され、８月１日にはＢ２９　１２５機、９２５ｔの大空襲があったこともあり、次の原爆投下がこれまで空襲を受けていない新潟の可能性が高いとして、緊急措置として市民に市外への退避を呼びかけている。軍国主義精神によって戦線においても国内においても、逃げることを許さない状況の中で、市民の命を考えた対応であったとともに、市民一人一人にその緊迫した状況を明らかにしたことが重要であった。

　４２年８月、核分裂エネルギーを兵器として利用するマンハッタン計画が始まり（当初の拠点はニューヨーク・マンハッタン）、実際の研究・開発は、ニューメキシコ州ロスアラモス研究所で進められた。３年後の４５年７月１６日に最初の原爆実験に成功するのであるが、既に４４年１２月には原爆の投下部隊として第５０９混成爆撃隊が組織され、４５年４月には投下目標選定委員会が始まるなど準備は着々と進められていた。

　京都の原爆投下目標については、オーテス・ケーリ氏が「原子爆弾日本投下計画　－１９４５年米国目標地選定委員会の記録―」（「中央公論」１９７９年９月）、吉田守男氏が『京都に原爆を投下せよ　ウォーナー伝説の真実』（角川書店）に詳しく書いておられるので、参考にされたい。

　４５年４月２７日の目標選定委員会で広島、長崎、京都、横浜、小倉を含む１７都市が研究対象とされ、この段階では、新潟は入っ

ていなかった。

　５月１０、１１日の第２回の目標選定委員会では、目標の条件として、①直径３マイル以上の円を描ける都市市街地の重要目標②爆発によって効果的に破壊できること③（原爆完成の）８月まで攻撃されないと考えられる都市であることをあげていた。

　そして、投下目標候補として、①京都（ランク付ＡＡ）②広島（ＡＡ）③横浜（Ａ）④小倉工廠（Ａ）⑤新潟（Ｂ）⑥東京皇居（ランク付けなし）として、ＡＡとＡの４都市を目標として推奨した。ＡＡ目標を選定した理由を次のように記録している。

　京都は人口１００万の都市産業地域で前の首都であり、今や他の破壊された地域から多くの人や産業が移動してきている。心理的な観点からすると京都は日本の知的中心であり、京都の人々は原爆兵器の意味するところをより評価しやすい利点を持っていることである。

　広島は重要な軍事拠点であり、都市工業地域の中心に積出港がある。格好のレーダー目標（＊湾口に隣接し、大きな河川が市内を貫流している。）であり、都市の大部分の広範囲に損害をあたえる可能性がある都市規模である。爆風被害を増加させる収束効果を生み出す可能性のある丘が隣接している。

　原爆投下目標都市に対する空襲は、原爆の効果測定を厳密に行うため禁止されたが、その後、横浜（Ａランク）は通常攻撃に切り替えられ５月２９日にＢ２９　４４１機による2,599ｔの大空襲を受け、街は壊滅した。これにより新潟が横浜に取って代わることになるのである。

　京都は、ＡＡ目標として挙げられたが、原爆を投下すべき軍需都市であるかどうかが、制服組と背広組で意見が一致しなかった。原爆開発の総責任者のグローブス少将は、軍人の立場から京都を目標とすることを主張し、弁護士出身のヘンリー・ステイムソン陸軍長

官は、１９１１年にも陸軍長官を務めており、既に高齢ではあったが文官として慎重な立場をとった。そして５月３０日にステイムソン長官は、目標選定の決定権者として、京都を原爆目標から除外するだけではなく全ての攻撃から京都を除外し、文官が制服組を制することになった。これによって、京都は引き続いて他の原爆投下目標の広島、小倉、新潟とともに攻撃は停止され、第２０空軍（第２１爆撃大隊）、陸軍、海軍にも攻撃停止が伝達された。このような微妙な時期に西陣空襲があったのだが、秘密裏に進められている原爆投下計画であり、爆撃作戦の計画立案段階では除外できても、前線の将兵まで伝達されることはなかったのであろう。

　京都にこだわるグローブス少将はステイムソン長官を説得するために、７月２日、京都に多くの軍需施設があり投下目標として適当であるとする新たな資料を作成した。京都は人口１００万の産業都市であり、他都市が破壊された今、多くの人口、工業が移動してきている。軍事関連施設の多くの情報を集め、京都に多数の軍事関連産業が存在するとした。梅小路を中心にして、原爆の直接破壊力のある半径１.５マイル（２.４ｋｍ）内には、これまでに具体的な重要目標としてきた梅小路鉄道貨物操車場・機関車庫、日本電池第１工場、日本電池第２工場や寿重工業、京都ガス工場、化学工場などがあり、外側の隣接部には島津三条工場、藤森陸軍第１６師団、そして桂には「新規　航空機エンジン工場」の京都発動機製作所（三菱・第八製作所）があると強調した。しかし、太秦の京都機器製作所（三菱・第十四製作所）は認識されていなかった。

　７月２５日、再びステイムソン長官の同意が得られず、京都は原爆投下目標から除外され、それに代わり挙げられたのが長崎であった。８月９日の長崎の原爆投下は、第１目標にしていた小倉の上空が前日の八幡空襲の煙等による視界不良のため、第２目標の長崎に変更したのである。京都を原爆から救ったのは、民間人出身のステ

イムソン陸軍長官であったともいえる。軍は広島、長崎に続いて3発目の原爆をアメリカ本土からテニアンへ輸送する計画を始めており、長崎以降も17発の原爆を製造し使用する計画であったが、8月10日、トルーマン大統領は、女性、子どもなどの一般市民を巻き込むこれ以上の原爆の使用を禁止したのであった。

【原爆投下目標】
（米国国立公文書館：WAR DEPARTMENT LETTER MAIL Maj. Gens.L.R.Groves）
　円形は梅小路を中心にした半径１．５マイル（２．４km）で、左下に桂の京都発動機製作所（三菱・第八製作所）は新しい工場として囲みが入れられているが、太秦の京都機器製作所（三菱・第十四製作所）は存在していない。

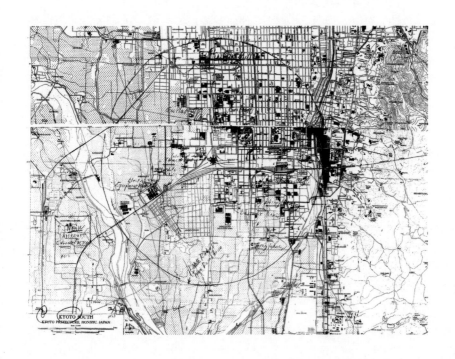

原爆投下に対する日本政府の抗議文

　日本は、広島への原爆使用に対して、これは人類の文明に対する新たな犯罪であり、帝国政府は、その名において、全ての人類と文明の名において合衆国政府を糾弾し、このような非人道的な武器の使用を直ちにやめるよう強く要求するとして、８月１０日、中立国スイスを通して正式に抗議文を送っている。そこには次のように書かれている。

　「米機ノ新型爆彈ニ依ル攻撃ニ對スル抗議文」
　（中略）
　米國カ今回使用シタル本件爆彈ハ其ノ性能ノ無差別且殘虐性ニ於テ從來斯ル性能ヲ有スルカ故ニ使用ヲ禁止セラレ居ル毒瓦斯其ノ他ノ兵器ヲ遙ニ凌駕シ居レリ。
　米國ハ國際法及人道ノ根本原則ヲ無視シテ既ニ廣範圍ニ亘リ帝國ノ諸都市ニ對シテ無差別爆撃ヲ實施シ來リ多數ノ老幼婦女子ヲ殺傷シ神社、佛閣、學校、病院、一般民家等ヲ倒壞又ハ燒失セシメタリ。而シテ今ヤ新規ニシテ且從來ノ如何ナル兵器、投射物ニモ比シ得サル無差別性、殘虐性ヲ有スル本件爆彈ヲ使用セルハ人類文化ニ對スル新タナル罪惡ナリ。
　帝國政府ハ茲ニ自ラノ名ニ於テ且又全人類及文明ノ名ニ於テ米國政府ヲ糾彈スルト共ニ卽時斯ル非人道的兵器ノ使用ヲ放棄スヘキコトヲ嚴重ニ要求ス。

戦争中の少年時代

伊藤嘉平さん（８７歳）　　取材日：２０２０年８月２３日

　終戦の年の昭和２０年は、当時の国民学校から立命館中学へ進んだ時で、左京区に住んでいました。馬町空襲があったときは、まだ１２歳で国民学校だったのですが、翌日には空襲のことを知りました。詳しいことはわかりませんでしたが、京都での最初の空襲ということで、噂が非常に早く広がっていたことをよく覚えています。

　中学に入ってからの夏ごろかと思いますが、アメリカのＢ２９が京都の上空を南から北へ、これまでに見たことのない高いところを悠々と飛行していたのを見ています。機数はわかりませんでしたがＢ２９のプロペラ音は聞こえており、このような高いところを飛行すれば日本の高射砲も戦闘機も届かず、あれでは戦争に勝てないなと思いました。またアメリカと日本の戦闘機が、低空で空中戦をやっているのも見たことがあり、機銃掃射で被害が出たというのも後から聞きました。

　多くの生活必需品が配給制になり、米、塩、砂糖、醤油、魚類、煙草なども配給制で少しはあったのですが、多くの人が食糧難で窮乏しており、国民学校では校庭でサツマイモを作っていました。私の家では、燃料不足のため親戚の山にある松の木を切って家に持ち帰り、割り木にしてしのいでいました。学校給食はまだありましたが、小さなコッペパン１個だけで牛乳が付いている日とない日があり、パンがないときにはお汁のようなうすい米のおかゆ

や具のほとんど入っていないみそ汁でしのいでいました。給食当番の時に級友の皆から「なんでこんなに少ないのや」といわれましたが、「みんな同じなのに」と思ったことを今でもよく覚えています。小学校の先生も応召によって男性は少なく、女性や学校を出たばかりの代用教員が多かったですね。

　中学校時代には、生徒たちが近くの畑へ耕作・栽培の手伝いに出かけていました。徴兵によって、農家の人手が足りなかったこともあったのでしょう。２４歳の長兄は出征していましたが、中学は兄と同じ学校でしたので兄のお古を着ていました。始めは空襲に備えて上空から目立たない黒い服を着るように指導されていたのですが、広島に新型爆弾（原爆）が投下されると黒服では熱線を反射できないので、白い服を着るようにと指導が変わりました。急にこんなに変えてもらったら困ると子ども心に思ったものです。

　私は、満州事変の翌年の昭和７年生まれですので、日中戦争、太平洋戦争の終戦まで子どもの頃はずっと戦争下で生きたことになります。当初は大きな犠牲を出しながらも勝った、勝ったと勢いがありましたが、終期になると全ての人が疲弊した時期でした。Ｂ２９が高高度を悠然と飛行している下で、中学生や町内の女性が竹やりで戦闘訓練をしていたのです。

　写真は、私が６歳ころにおもちゃの鉄砲を持って、勇ましく遊んでいたときのものです。多くの男の子が徴兵もあって軍人になって国のためにと思っていたのでしょう。戦争は、絶対にしてはならないものです。（談）

10　米国の対日宣伝と情報収集

　アメリカは対日心理作戦の一環として、ラジオ放送の開始やＢ２
９によるリーフレットの散布を始めた。

　ラジオ放送は政府の公式な放送組織としてハワイにOWI（Office
of War Information）が設立され、１９４４年１２月２６日から
対日放送を開始した。

　短波放送ではハワイ・オアフ島から日本、中部太平洋地域向けに、
サンフランシスコで製作されたアジア系言語とハワイで製作された
日本語、英語の番組が放送された。また中波放送では、日本本土向
けにハワイで製作された番組がサイパンから放送された。

　しかし、当時の日本では一般市民が短波放送の受信機を所持する
ことは禁止されており、所持できたのは政府と軍部の上層部だけで、
このことをアメリカは承知しながらも終戦まで放送を続けた。政府
や軍部は、アメリカ政府の公式放送を通じて、戦況や国際情勢の情
報を知っていたのである。

　中波のラジオ受信機は国民の間におよそ６００万台普及していた
と言われ、ＯＭＩは、聴取者を増やすために日本の中央放送局の周
波数近くに放送周波数を設定した。だが、ＯＭＩの放送開始時間に
合わせて中央放送局が強力なジャミングを行って受信妨害をしたた
め、大都市部周辺での受信は難しかったようだが、夜間の沿岸部や
農村部ではかなり聴取が可能であったようだ。

　またCincPac（Commander-in-chief, Pacific Command
太平洋軍最高司令官）、第２０空軍作戦概要（SUMMARY OF
TWENTIETH AIR FORCE OPERATIONS）では、４５年１
〜４月にＢ２９が東京、大阪、名古屋などにリーフレット２５２万
枚、５〜８月にはパンフレット５,７００万枚、新聞等３５万枚を北
本州（４２％）、南本州（３４％）、四国・九州（１３％）に撒布し

たとしている。

　空襲の常態化により本土が戦場となり、戦死者、傷病兵帰還の増加、窮乏する日常生活によって、市民は大本営、軍部、政府の情報が真実でないことに気付き始めるのであった。だが、日本の敗戦色について、軍人も市民も口に出して言うことはできなかった。米国の放送を聞くこともリーフレットを読むことも許されなかったのである。そして、助け合いと自警組織である隣組の仕組みを上意下達と相互監視に利用したのであった。

マリヤナ時報

　新聞形式の日本語で書かかれたリーフレットのマリヤナ時報は、心理作戦の一環として、前線の将兵や国内向けに空中散布された。これ以外のビラなども作成されて、砲弾や爆弾に入れて投下・散布された。作成には、捕虜となった日本軍将兵の中からマスコミ経験者などが選抜され、南方諸島の激戦や本土爆撃、原爆投下などの戦況や国際情勢などが記載されていた。

　アメリカ情報部は、日本の将兵は捕虜になるよりは死を選ぶべきとする軍国主義教育を受けてきており、また顔を立てる、面目を保つという日本人の気質を重んじ、降伏や降参という言葉を使わないようにし、また掲載写真は日本人捕虜の顔は識別できないように配慮していた。

【マリヤナ時報掲載（45年6月29日）】
（国立国会図書館 USSBS Entry46：Psychological warfare,part 2）
　左下の「超要機（＊Ｂ２９）、本土に大規模爆撃敢行」は、西陣空襲のあった６月２６日の名古屋、大阪空襲の記事で、最も大規模な攻撃の一つであったとしている。右上の「世界保障憲章」は、サ

ンフランシスコにおいて、今日の国連の創設となる連合国50か国による調印（＊10月24日発効・誕生）がされた記事である。

米国の情報収集

　太平洋戦争の始まるまで米国ではアメリカ・ファーストの考えが強く、自国防衛を中心とした対外政策に重点を置いていた。３９年のドイツのポーランド侵攻に始まるヨーロッパ戦線では中立を保っており、日本の真珠湾攻撃を受けて第２次世界大戦に参戦した。それまでは海外の軍事情報収集のための組織も小規模なものであったが、参戦によって世界的な組織・情報網を有していた英国の陸軍情報部（Military Intelligence 6）との連携が始まるのである。アメリカの日本情報には、英国情報部が戦前に入手していたものが多く使われている。太平洋戦線における日本の軍事情報の不足とその収集の重要性が際立ってきたのである。

写真情報や捕虜尋問情報などの重要性

「対空砲火情報　第２０空軍　空軍情報」（４４年１０月）
「今日の戦争では、情報の６０％は敵地の写真情報の分析によって得られる。目標を捉えるための５つのカテゴリーは、①河川、湖、海岸線、島などの水面の補足②鉄道・道路③市街地④森林⑤特異な色や形、カモフラージューなどである。

　捕虜の尋問や押収した文書・物品から得られる情報も重要である。アジア、太平洋地域において得られる情報は、特に重要である。なぜなら、ドイツに比べて日本の航空機の材質や技術に関する信頼できる情報が不足しており、またドイツ兵と比べて日本兵を死なせずに捕虜にすることは相当困難なためである」

POWの尋問調書

　捕虜（Prisoner of War）の尋問調書は、写真情報とともに重要な情報源である。京都の爆撃目標に関連するPOWの情報は目標ごとに書いておいたが、その多くは、日本の将来を担う若者たちの話である。

確保した文書・図書の情報

　サイパン島で押収した日本軍の文書・図書から得られた情報である。（CINCPAC－CINCPOA TRANSLATIONS）

　○　Ｉｔｅｍ　10,801号D
　捕獲した専門ノートの抜粋で、所属や日時は不明である。内容は、横須賀航空隊が作成したレーダー回避技術の報告書で、４３年に実験により得られた日本のマーク１・レーダーの性能情報も含まれている。これは、東京エリアの２つのレーダー基地（勝浦と犬吠埼）に配備されていた。
　「高度２,０００〜４,０００ｍで９機以上の空母艦載機が接近してきた場合、マーク１は確実にとらえることができる。
　勝浦監視所（海抜７５ｍに設置）では、９０〜１００ｋｍのレンジでかすかに捕捉でき、６０ｋｍでは極めて明瞭に捕捉できる。犬吠埼監視所（海抜７４ｍに設置）では、中高度以上の高度で９機の地上攻撃機の編隊を１５０ｋｍで明瞭に捕捉できし、単機であっても１５０ｋｍでかなり明瞭に、それ以上の距離でもかすかに捕捉できる。艦載機を１５０ｋｍの距離で見落とすことはない。
　勝浦では高高度飛行の単機の偵察機は捕捉できないが、犬吠埼では高度７,０００ｍを単機で飛行する艦上爆撃機を１０〜３７ｋｍの

レンジで確実に補足でき、５８～９０ｋｍの距離で捕捉できるとき
もある。

　高度１００ｍの海上付近の低空を単機で飛行している場合のレン
ジは、勝浦からは３１ｋｍで確実に、３８ｋｍは限界であり、犬吠
埼からは３３ｋｍで確実に、４５ｋｍは限界である。これらは、双
眼鏡で見る場合の７倍の効果がある」

○　Ｉｔｅｍ　９,０１７号
　４３年８月に作成されたと思われるレーダー監視所の組織や運
用・操作に関するもので、サイパンで確保された。このレーダー監
視員の手引きは、監視所で独自に作成されたもので、監視所の標準
的な組織、隊員の任務や連絡・通信の暗号コードやその意味が書か
れている。

　レーダーによる探知を単機の小型航空機は１、大型機は２、飛行
編隊は３、多数機は４、艦艇や浮上中の潜水艦は６などの９までの
番号を使い、方角についても番号で示している。

○　Ｉｔｅｍ　１３,０４６号
　アメリカは、日本の陸地測量部が３５（昭６）年に作成した「秘
３２５号、３２７号　近畿地方の飛行場及び緊急着陸地」の資料を
サイパンで押収、入手している。この中には、近畿地方の１０か所
の飛行場や緊急着陸が可能な練兵場が記載されており、伏見練兵場、
長田野演習場などが含まれている。説明文には、地図、写真が付け
られており、正確な位置・距離、目印となる自然地形や建物施設、
交通網などが詳細に記載されている。

第6軍の京都進駐

「General Headquarters　Dairy Situation Reports」（連合軍最高司令部　情勢報告日報）

連合国は日本占領に当たり、東日本はアメリカ陸軍第8軍、西日本は第6軍が管轄し、先遣隊が9月21日、本隊が25日に京都に入り、第6軍司令部はほとんど無傷で残った京都（烏丸四条）に9月28日に設置された。この間に日本側の留守部隊である伏見藤森の第16師団、陸軍病院などの将兵のほとんどは東山区（東福寺1，152人、一橋小学校511人　9月25日）へ移動している。京都、大阪、神戸には第33師団　第1連隊が進駐し、GHQの日報などから、興味ある情報を紹介しておきたい。

○　10月22日「日報」
宇治火薬製造所から5,648gのプラチナを押収した。（Daily Situation reports　占領軍日報）

○　11月8日「日報」
11月6日に第6軍の第5水陸両用部隊が希少金属の400万g（＊4トン）を超える銀、61,718gの金、485gのプラチナを押収した。

（＊場所は記載されていないが、9月15日の占領計画書にある第6軍の進駐都市は、呉、高知、岡山、広島、佐世保、長崎、福岡、下関、大阪、神戸、京都、名古屋、敦賀である）

11月8日に第33師団第130連隊の部隊が、京都の南南東4マイルの宇治付近で無線機やその他の装備で武装した7人の日本人を捕えた。

○　11月13日「日報」
大阪造幣局に約90トンの銀塊が保管されているのが見つかった。

第5水陸両用部隊が大村近くの海軍支払い部局の倉庫で3.7kgの金と45.5kgの銀を受け取った。

　これとは別に大村へ進駐した第5海兵師団は、大村海軍航空基地、航空隊の全ての書類、記録は大分の艦隊司令官の命令によって8月19日に焼却されていたとG2へ報告している。（G2定期報告）

　○　航空目標状況メモNo.5　京都エリア　45年10月19日（AIR TARGET STATUS MEMORANDUM　NO 5 KYOTO AREA　19 October 1945）

　日本国際航空（90.23−1167）の工場は、京都（34°53′N　135.46E）と園部（35°08′N　135.29E）に存在していた。

　日本電池　第1工場（90.23−1177）（34°58′N　135.44E）は、全タイプの電池と兵器を組み立てていた。

　日本電池　第2工場（90.23−1678）（34°59′N　135.45E）は　全タイプの電池と兵器を製造していた。

あとがき

　東山区役所に2回、勤務した。最初は1973年で山科区はまだ
分区されておらず東山区の時代であった。区役所は、東大路通の馬
町を下った妙法院の西側にあり、今は京都国立博物館の付属建物に
なっている。次は2004年で、区役所は東大路通清水道下るに近
代的な総合庁舎に建て替えられていた。
　最初の勤務の時、昼時は馬町のうどん屋さんへ行くことも多かっ
たが、住んでおられる方からは、空襲のことは思い出したくない、
余り話したくないという雰囲気が感じられた。2回目の時に京都府
庁を疎開させるために地下壕を掘って準備をした場所が、馬町の南
の京都女子大学付近で見つかり、現地へ行ったことがある。音羽山
の山中に高射砲の台座跡が残っていると聞いていたので、清水寺付
近を何度か探したのだが見つからなかった。これは私の全くの勘違
いで、清水寺は「音羽の滝」、音羽山は、山科と大津の境界で東海道
新幹線のトンネルの真上にあった。
　父は、上京区役所で徴兵検査を受け、藤森の陸軍第16師団に入
営した。藤森は師団司令部や練兵場、陸軍病院など多くの陸軍施設
があったため、京阪電車の駅名は元々「師団前」であったのだが、
戦時体制に入り軍事機密保持から「藤森」と改名されたのである。
司令部建物は、今も聖母女学院の本館として保存されている。
　フィリピンで銃弾が腕を貫通して重傷を負ったが治療は赤チンを
塗るだけで、アメリカ軍の投降を呼びかけるビラやラウド・スピー
カー放送はすぐには信用できなかったという。ようやく帰国でき、
父親と末の弟と再会できたのであるが、母親と下の弟は病気で亡く

なっていた。兵役前は会社に勤めていたのであるが、入隊のため休職となり、生還してきたときには戦後緊急措置要綱により一斉退職とされ、戻れなかったという。フィリピンも大激戦地で部隊の移動方向が違っていれば生還できなかったといい、帰国後は、同郷の亡くなった戦友のご家族を訪ねて、最後の状況を話していたという。

粟田学区で造園業を営んでおられる方が父と戦友で、戦後も庭木の手入れをしてもらい、長くお付き合いをしていた。そして代が替わり息子さんに来ていただいていたのだが、そのお住まいの区役所に再び勤務することになり、奇遇ですねということでゆっくりお話しすることもあった。

義父は、中国の上海方面へ出征した。砲弾の破片で左目を失明し、頭部内に破片が残ったままで遠近感が全く感じられなかったが、犬筥や貝合わせなどの好きな伝統工芸の仕事を終生、続けていた。

義母は、小学校の教員をしていた。八幡空襲などでＢ２９の出現が国民の間にも知られ、学童疎開や工場疎開が始まり、京都では４４年８月と４５年７月の２回にわたり９歳から１２歳の児童が集団疎開をした。児童を引率しての疎開先は須知（現京丹波町）のお寺であった。夜中に子どもが母親を恋しがり、抜け出して京都へ帰ろうと山陰線の線路まで出て行っていたこと、食料不足で柿の木を１本丸ごと買って、みんなで食べたことなどを語っていた。

また時折、自宅に帰ったときには、衣服がシラミでいっぱいで、戦後よく使われたＤＤＴなどはなく、家に持ち込まないようにと最初に玄関で衣服を煮沸消毒していたという。

母の兄は、中国で戦病死している。長男であったが、病気になっても帰国も十分な手当ても受けることができず、帰ってきた遺骨箱にはお骨の代わりに石が入っていたと怒っていた。また自分の住み慣れた家が建物疎開で取り壊され、自分は勤労動員で電話交換手として働いていたという。戦争に対してはいつも憤慨していたが、私

が小さいときに自分の両親とともに兄のお参りに靖国神社へ連れて行ってくれたことを覚えている。

　私自身は戦争を経験していないが、その傷跡を覚えている。まだ小学校前の昭和20年代後半であったと思う。四条大橋か三条大橋かと思うが、白衣の傷痍軍人の人たちがカンパを募っていた。子どもなりに近づきたくないという気持ちが出たが、父親がその意味を教えてくれた。道行く人の多くは気の毒とは思いながらも冷ややかな目で避けるようにして通り過ぎ、敬意や尊敬の念はなかったように思う。国の支援・施策が行き届かず、人々の間に余裕のなかった時代であった。

　今日の時代はどうであろうか。軍部や国が大切な真実の情報を廃棄してしまった今、私たちが新たに知った事実から、忘れかけていることと向き合い、伝えていかなければならないのではないか。

　抵抗する力のない、無防備な一般市民になぜこのような空襲が起こったのか、その奥底を見て、考えなければならないだろう。世界の多くの被災都市が、記憶を残そうとしている。人の生命、尊厳の大切さ、そしてそれを支えていくための自由・平等と民主主義、私たちは、今では当然のように考えているが、75年前の日本にはなかったのである。大きな犠牲の上に立って享受していることを改めて考えて、未来を志向していかなければならないだろう。

　食料自給ができない、石油やゴム、鉄、ボーキサイトなどの天然資源がない、労働力が足りない、資金がない、市場が必要だと言って周辺諸国へ進出し、自衛戦争と言って太平洋戦争に突入した。今はこれらの基本的要素が変わったのであろうか。様々な資源が輸入できなくなれば国益・死活的利益（National Interest , Vital Interest）を失うとして、また同じ道を進むのであろうか。

　日本は75年間、戦争を回避してきた。これを100年、150年と続けて行くことによって、国際社会において大きな信頼が得られ

るのではないか。今年、生まれた子どもたちが７５歳になる時には、戦後１５０年といえる戦争のない時代にしていかなければならないだろう。平和を希求していく風土をどのように創っていくのか、そしてどのように人づくりにつなげていくのか。一時の流行に流されない人と都市そして国の品格の問題である。市民あっての国である。

　被害者的なことを多く書いたが、日本が加害者であったことも決して忘れてはいけない。今の日本は何かを見失っていないだろうか。人々の尊厳や人間性を感じ、考える何かを。

　先の戦争で亡くなられた内外の多くの方々のご冥福を心からお祈り申し上げたい。

　出版においては、できるだけ当時の状況を知っていただくために、今日では不適当と考えられる写真や用語の一部もそのままの形で記しているので、ご理解をお願いしたい。

　本書作成において、東山区民の皆さま、京都新聞出版センターをはじめ多くの方々のご尽力をいただき、深く感謝を申し上げるとともに、英文翻訳にご協力をいただいた東山区在住のジェシー・ドイネスさん（米国グアム）に厚くお礼を申し上げる。

２０２０年１２月１５日
元京都市東山区長
伊藤忠夫

　桜の開花に合わせて入学式を迎える。小学校時代の給食には脱脂
粉乳が提供され、時にはコーヒー風味が加えられていた。国連の児
童への緊急援助であった。(United Nations International
Children's Emergency Fund)

「この春のなみだとひかり入りまじり
　　　　　　そのはてすべてさくら花びら」
　　　　　　　　　　　　　　壽子　詠

■著者紹介

伊藤忠夫（いとう　ただお）

１９４９年、京都市生まれ。立命館大学法学部卒業。

２００４年〜４カ年間、東山区長。京都市在住。

■表現について

著作の執筆にあたり、現代では用いられない表現などもございますが、その当時の雰囲気をあらわす表現として、そのままの採用にしております。

編集協力　井原悠造

装丁・デザイン　HON　DESIGN

京都空襲　−8888フライト−

発行日	２０２１年１月１６日　初版発行
著　者	伊藤忠夫
発行者	前畑知之
発行所	京都新聞出版センター
	〒６０４−８５７８　京都市中京区烏丸通夷川上ル
	TEL０７５−２４１−６１９２　FAX０７５−２２２−１９５６
	http://www.kyoto-pd.co.jp/book/

印刷・製本　株式会社京都新聞印刷

ISBN９７８−４−７６３８−０７４３−４　C００３１

©２０２１　Tadao　Ito

Printed　in　Japan